Les Éditions du Boréal
4447, rue Saint-Denis
Montréal (Québec) H2J 2L2
www.editionsboreal.qc.ca

GILLES KÈGLE

DU MÊME AUTEUR

Le Boulot vers…, 20 ans à meubler des vies, 2003.

Anne-Marie Mottet

GILLES KÈGLE

L'infirmier de la rue

Préface de Diane Dufresne

Boréal

Pour joindre la Fondation Gilles-Kègle
380, rue du Pont
Québec (Québec) G1K 6M7
Téléphone : (418) 524-2626

Les Éditions du Boréal remercient le Conseil des Arts du Canada ainsi que le ministère du Patrimoine canadien et la SODEC pour leur soutien financier.

Les Éditions du Boréal bénéficient également du Programme de crédit d'impôt pour l'édition de livres du gouvernement du Québec.

Photo de couverture : Éric Côté

Dépôt légal : 1er trimestre 2005
Bibliothèque nationale du Québec

Diffusion au Canada : Dimedia
Diffusion et distribution en France : Les Éditions du Seuil

Données de catalogage avant publication (Canada)

Mottet, Anne-Marie

Gilles Kègle, l'infirmier de la rue

ISBN 2-7646-0372-X

1. Kègle, Gilles. 2. Infirmiers – Québec (Province) – Québec – Biographies. I. Titre.

RT37.K43M67 2005 610.73'092 C2005-940333-0

Aux bénévoles qui, par leur présence et leurs gestes, soulagent les souffrances.

Préface

Bien à l'abri du déluge hivernal de ce 23 décembre 2004, je reçois le manuscrit si attendu. À la vue du nom de Gilles et bien que je sois dans un lieu public, c'est plus fort que moi, je griffonne instantanément des mots d'amour sur l'enveloppe, comme s'il n'y avait pas une minute à perdre. Ma tendresse déborde. Les heures passent jusqu'au jour de Noël qui célèbre cet enfant né dans le dépouillement d'une crèche. Entre mes mains, toutes ces pages à lire sont comme des cadeaux bénis. Un jour mémorable que de découvrir le chemin de croix de cet homme presque surnaturel qu'est Gilles Kègle !

J'ai rencontré Gilles la première fois en 2001. J'ose l'appeler par son prénom, car j'ai le privilège d'être sa petite sœur adoptive. Cette année-là, dans la belle ville de Québec, c'est la remise des médailles de l'Ordre de la Pléiade. Nous nous retrouvons à la même table. Une providence ! Nous nous saluons et immédiatement je suis enveloppée de son regard et de son sourire remplis d'une bonté incomparable et d'une détermination sans frontière. Son énergie aiguë et contenue me bouleverse. Qui est cet homme hors norme parmi toutes ces personnalités diverses ? L'événement de ce soir-là m'apprend que c'est un infirmier de la rue et que sa vie n'est que don de lui-même. Nous quittons la réception ensemble. Cette rencontre est exceptionnelle et le demeure depuis cette soirée.

Ce missionnaire de la paix, cet ange qui à plusieurs reprises a cru perdre ses ailes, ce saint des plus contemporains est unique. Il est la prière accomplie. À lui seul, il devient une religion, celle de l'amour sans réserve pour l'humanité que l'on dit déchue. Cet homme d'honneur redonne une dignité à ceux que la société repousse. Par ses soins et par son amour incommensurable pour les plus miséreux, il nous anoblit tous. Se rendant à bicyclette au chevet de ses patients, il fait des kilomètres de compassion, jusqu'à l'infini. Sa fidélité envers ceux qui dépendent de lui pour leur survie est exemplaire.

Mourir à ses côtés ouvre sûrement les portes d'un paradis. Il est ce qui existe de meilleur sur notre planète. Sur la terre… comme au ciel, son amour pour les plus démunis se révèle à travers des pages qui marqueront l'histoire.

Tant qu'il y aura un homme comme Gilles Kègle, des gens seront sauvés. Même si on ne croit pas en Dieu, on croit en lui. Il transmet l'espoir qui nous permet d'accéder à la foi, ailleurs que dans les normes établies. Il accomplit des miracles en transcendant la vie devant l'impossible.

Mon âme explose de gratitude.

Diane Dufresne

Liminaire

Il se passe peu de semaines sans qu'un journal, un poste de radio ou une émission de télévision de Québec fasse état de l'œuvre de Gilles Kègle. Dans un quotidien, la lettre d'un lecteur rappelle qu'il soulage la souffrance des personnes âgées. Les caméras accompagnent les personnalités publiques qui se font un devoir de visiter sa maison, la Maison Gilles-Kègle, rue du Pont. Et les commentateurs ne manquent pas de souligner que le « mère Teresa de Québec » a été décoré de l'Ordre du Canada.

Son visage et sa silhouette sont familiers aux habitants de Saint-Roch, le quartier où résident la majorité de ses patients. Cet homme de 62 ans, qui mesure à peine 5 pieds et dont le poids ne doit pas dépasser les 110 livres, est continuellement salué par les passants. Certains lui donnent simplement des nouvelles de leur santé. D'autres lui demandent une cigarette, quelques sous ou un conseil. À un point tel que, pour profiter de ses rares moments de repos, Gilles doit se mêler aux touristes venus visiter la ville. Et, même alors, ce sont des gens du Lac-Saint-Jean, de Gaspésie ou d'Estrie qui sont heureux de lui serrer la main. Les médias ont fait de lui un phénomène, symbole de pauvreté, d'entraide et de compassion.

Au fil des entretiens que nous avons eus, c'est un homme simple et bon que j'ai connu. Un homme animé par l'amour de son prochain, une volonté de fer de rendre service et une foi immense en la Providence. Un homme, également, qui comprend la détresse humaine parce qu'il l'a lui-même vécue plus souvent qu'à son tour.

Je me souviendrai longtemps d'un moment passé avec lui le printemps dernier. En deux heures, j'ai été témoin de son travail. J'étais allée le rejoindre à sa maison à l'heure du dîner. Comme tous les jours, il profitait de la fin du repas pour retrouver ses bénévoles, ses Missionnaires de la paix. Ils discutaient de l'état des patients comme de la pluie et du beau temps.

Ce jour-là, il surprend tout le monde en disant : « Cette nuit, j'ai fait un accouchement ! » « Comment ça, un accouchement ? » Gilles se met à raconter que des voisins sont venus le chercher durant la nuit pour délivrer leur chatte d'un bébé mort-né. Il s'agit d'un couple âgé d'une cinquantaine d'années. Ils vivent dans un logement d'une pièce, crasseuse, remplie jusqu'au plafond de bric-à-brac bon pour le dépotoir. Seul un étroit passage permet d'aller du lit à la table. Ces gens sont très pauvres et visiblement malades. Il sont marqués par la gale de la tête aux pieds. Des exclus de la société comme bon nombre des patients de l'infirmier. « Je suis heureux ! dit-il. Maintenant, j'ai une raison pour retourner les voir. Je peux leur demander des nouvelles de leur chatte. Ensuite, je pourrais leur proposer de faire le ménage. S'ils veulent, je pourrais vérifier leur état de santé. » Une prise de contact qui risque de s'échelonner sur des semaines, si ce n'est des mois.

Pendant que Gilles raconte son histoire, un homme passe en coup de vent. « Je viens vous porter cinq dollars. C'est tout ce que je peux faire. Continuez votre bon travail ! » Diane, la réceptionniste, remercie l'homme et met l'argent dans une petite caisse de métal. Cette contribution s'ajoute aux dizaines de milliers de dollars donnés par la population de la ville chaque année. Ils serviront à payer le coût des soins aux patients et les frais d'entretien de la maison.

La porte est à peine refermée qu'entrent une dizaine d'étudiants de l'école secondaire Les Etchemins de Charny. Accompagnés de leurs professeurs, ils sont venus apporter leur contribution : des assiettes garnies de légumes et de sandwiches qu'ils ont préparées pour les démunis. Une initiative de l'animateur de pastorale qui se renouvelle toutes les deux semaines. Gilles les remercie et les présente aux bénévoles présents. Ensuite, il leur parle de son travail et, un peu, de sa vie.

« Ce matin, je me suis levé heureux, comme tous les matins. Heureux, parce que je sais que je vais vivre ma journée en amour. En amour avec tous mes patients. J'ai pris ma bicyclette pour aller chez Émile. C'est un ancien combattant qui est complètement paralysé. C'est à vélo que je vais voir mes patients l'été. L'hiver, j'y vais en autobus, mais ça prend plus de temps. En route, j'ai commencé à prier. Un *Notre Père,* un *Je vous salue, Marie,* et j'ai demandé pardon de tous mes péchés. Ensuite, j'ai parlé au bon Dieu, comme on se parle. Je lui ai demandé de bénir ma famille. Ma mère, mes frères Réal, Robert, Michel, Pierre, ma sœur Nicole, mon filleul Steven, mon neveu Patrick qui est soldat en Afghanistan. Je Lui ai aussi demandé de bénir ceux de ma famille qui sont décédés. Et mes patients. Et mes bénévoles.

« Tous les matins, je renouvelle ma promesse à Dieu — que j'ai prononcée pour la première fois le 1er janvier 1982 — d'offrir ma vie en sacrifice pour la paix dans le monde et pour tous les enfants souffrants de la terre.

« Rendu chez Émile, je lui ai donné son bain, je l'ai habillé. Après, je l'ai installé dans sa chaise roulante et je lui ai préparé son café et j'ai changé ses pansements. C'est huit fois par jour qu'on va le voir avec les bénévoles. Moi, je vais y retourner à 6 heures pour le souper et à 10 heures pour le coucher. Après, je suis allé voir un homme qui a le sida. Il n'a que 40 ans. Il ne lui reste que deux ou trois mois à vivre. Je suis allé lui porter une sorte de lait avec des suppléments de vitamines, c'est tout ce qu'il peut avaler ! »

Il poursuit en racontant son intervention de la nuit précédente. C'est ainsi qu'il parle aux jeunes étudiants de quelques-uns de ses quatre cents patients dont l'état de santé nécessite des soins réguliers. Des vieillards atteints de la maladie d'Alzheimer. Des malades souffrant de troubles cardiaques ou respiratoires. Des personnes qui veulent mourir chez elles, dans leur maison, plutôt que de vivre leurs derniers jours dans un centre d'accueil ou à l'hôpital. Des funérailles qu'il organise pour Raymond, un homme qui serait décédé dans une totale solitude sans la présence de Gilles et de l'un ou l'autre de sa quarantaine de bénévoles.

Il leur dépeint aussi Saint-Roch. Un quartier défavorisé de la basse-ville de Québec, dont la plupart des habitants vivent avec un revenu de moins de 20 000 $ par an. Un quartier avec des piqueries où il est appelé à prodiguer les premiers soins après une bagarre déclenchée pour un peu de drogue. Un quartier aussi où l'on peut voir une prostituée entrer dans la voiture d'un client avec sa petite fille âgée de trois ou quatre ans.

Faisant un tour rapide des photographies apposées sur les murs, il s'arrête devant l'une de celles où il est aux côtés de mère Teresa. « C'est quand je l'ai rencontrée en 1986 que j'ai compris ma mission. C'est la Providence qui m'a permis de lui parler ! Elle que j'admirais tellement. Je lui ai demandé de m'emmener en Inde avec elle. D'un sourire, elle m'a fait comprendre que ma place était ici. »

À nouveau, il remercie les jeunes pour les dons de nourriture. « Les bénévoles vont aller porter vos assiettes, cet après-midi, à ceux qui ne sont plus capables de popoter. Merci beaucoup pour eux ! »

Voyant le local rempli de jeunes, un homme hésite à entrer dans la maison. Il fait les cent pas jusqu'à leur départ. Enfin, ils s'en vont. Il entre rapidement. « Pouvez-vous me donner un drap, un oreiller et une couverture ? » Diane lui prépare un paquet. Elle lui demande s'il se souvient d'être venu en chercher il y a à peine trois semaines. Et elle lui dit qu'elle ne pourra pas toujours lui en fournir. Gilles m'explique rapidement que bien des pauvres sont obligés de vendre leurs effets personnels pour s'acheter à manger en attendant le prochain chèque de prestations ou de pension. Pour manger ou pour boire ou, encore, pour jouer à la loterie vidéo, comme dans le bar situé juste en face de sa maison.

Nous procédons aux entrevues préalables à la rédaction de ce livre dans son logement situé au deuxième étage. Avant de monter, Gilles s'assure que des bénévoles le remplaceront auprès de ses protégés pour les heures à venir. Dans l'escalier, il me confie : « J'aime tellement parler aux jeunes comme tout à l'heure. Je les adore, les jeunes. Quand je me promène près des cours d'école et que je les entends crier, jouer avec un ballon, j'ai le cœur jeune tout à coup. Pour moi, les jeunes, c'est notre espoir, c'est notre avenir. Je ne sais pas si c'est parce que j'ai tellement souffert à leur âge. Mais je voudrais tellement qu'il n'y ait pas de jeunes qui souffrent, qu'il n'y ait pas de jeunes maltraités. On me demande souvent pour leur apporter mon témoignage. Je leur parle de mon travail. Je leur parle aussi des épreuves que j'ai eues. Mais maintenant je suis vieux. Je n'ai plus assez de force pour aller les rencontrer en plus du travail avec mes patients. C'est pour ça que j'ai accepté l'idée de vous raconter ma vie. Il faut que je prenne le temps pour tout vous dire. Au travail ! »

CHAPITRE PREMIER

La quête

Le 20 mai 1986. En début de soirée, un homme d'une quarantaine d'années quitte son logement du quartier Saint-Roch. Il vient d'y déposer les bouteilles vides ramassées dans sa tournée des poubelles de la ville. Il pourrait aller à l'épicerie les échanger contre de la nourriture pour lui et pour ses deux chattes. Mais il emprunte plutôt l'escalier de bois qui relie la basse-ville à la haute-ville de Québec. Sa destination : les plaines d'Abraham.

Infirmier auxiliaire de profession, il est chômeur depuis près de deux ans. Une fois épuisée son allocation d'assurance-emploi, il s'est résigné à demander l'aide de l'État. Comme tous les prestataires de l'aide sociale, il n'a pas assez d'argent pour se loger, se vêtir et s'alimenter. Il a vendu ses quelques effets personnels de prix. L'homme, profondément déprimé, ne croit plus à la possibilité de décrocher un emploi.

Il ne trouve plus de sens à sa vie, lui qui a toujours été guidé par un idéal : aider les autres. Il a coupé les ponts avec sa famille depuis plusieurs années. Il n'a pas entretenu ses relations avec ses amis de Trois-Rivières et de Shawinigan. Il n'a personne à qui se confier.

Tout cela le hante pendant qu'il se dirige vers les plaines. Maintenant, il sait ce qu'il lui reste à faire. Il n'y a qu'une seule issue : se suicider, en se jetant en bas des falaises qui longent le fleuve. Le temps est à l'orage. Le tonnerre gronde et les éclairs fusent. Il souhaite être foudroyé, ce serait tellement plus facile.

« Et là, raconte Gilles Kègle, j'ai pensé à mes deux chattes. Je ne pouvais pas les abandonner. Je ne pouvais pas les laisser mourir toutes seules à la maison. Je ne pouvais pas. Alors, je me suis jeté par terre. Et j'ai pleuré. J'ai tellement pleuré. »

Lentement, l'homme se relève et rebrousse chemin. La pluie augmente d'intensité. Il se réfugie dans le hall d'un hôtel comme l'ont fait les touristes pour se mettre à l'abri. Il en ressort presque tout de suite. Il ne se sent pas à sa place aux côtés des riches voyageurs. Il enfile la rue Saint-Jean jusqu'à l'église Saint-Jean-Baptiste. Sur le parvis, quelqu'un joue de la flûte. Gilles s'arrête pour l'écouter. Progressivement, la musique l'apaise. Il entrevoit un peu d'espoir. L'idée du suicide l'a quitté.

Au moment où la pluie cesse, il voit se dessiner trois arcs-en-ciel qui partent de la basse-ville pour disparaître dans le fleuve. Cela lui rappelle que ce dimanche est celui de la Pentecôte : la célébration de la venue de l'Esprit saint aux apôtres. L'Esprit saint, c'est l'esprit de la fraternité. Celui animant l'homme qui aime son prochain. C'est l'essence du message du Christ. « C'est là, explique Gilles, que j'ai compris ce que serait ma mission. J'allais me suicider, oui, mais au service des autres. J'allais me suicider, mais ça allait en valoir la peine ! »

Il reprend sa route et se dirige vers le presbytère de la paroisse Saint-Roch. Le curé Pierre-André Fournier est là. Gilles lui raconte ce qu'il vient de vivre. Le geste qu'il voulait faire. À quel point il est malheureux. Qu'il a tout perdu dans la vie. Qu'il ne lui reste que ses deux chattes. Il lui dit qu'il est infirmier. Qu'il veut consacrer sa vie aux personnes les plus démunies. Qu'il est prêt à faire n'importe quoi, sept jours sur sept.

L'abbé reconnaît la détresse qu'il observe trop souvent dans les yeux de ses paroissiens. Des propos de Gilles, il retient le désir sincère d'aider les autres. Il décide de le croire et lui promet de lui confier des malades.

C'est ainsi que commence la nouvelle vie de « l'infirmier de rue de Québec ». Une nouvelle vie qui n'ira pas sans son lot d'épreuves, d'injustices, de tristesse et d'amertume. Mais plus jamais il ne connaîtra une telle détresse, ni un tel désespoir.

Au service des démunis

Quelques jours plus tard, le 28 mai 1986, Gilles prend contact avec ses quatre premiers patients : Joseph, Marguerite, et le couple de monsieur et madame Duchesneau. Des gens qui lui sont envoyés, sur la recommandation du curé Fournier, par le Service Amical Basse-Ville. Cet organisme veut permettre aux personnes âgées, handicapées et démunies de la basse-ville de demeurer dans leur domicile le plus longtemps possible.

Les Duchesneau, c'est un « couple d'amour » pour Gilles. Des gens mariés depuis plus de cinquante ans. Lui est en perte d'autonomie. Elle est atteinte d'un cancer mais peut encore s'occuper de la maison, des courses et des repas. L'infirmier s'y rend chaque jour pour faire la toilette du vieil homme. Jusqu'au moment où l'état de santé de madame Duchesneau se détériore. Elle doit être hospitalisée. À compter de ce jour, la tâche de Gilles est modifiée. En plus des bains, il doit remplir le garde-manger, préparer les repas et accompagner le mari lorsqu'il va rendre visite à sa femme à l'hôpital. Dans les mois qui suivent, monsieur Duchesneau voit sa femme dépérir. Il se rend compte qu'elle est mourante. Il ne veut pas continuer à vivre. Gilles fait tout pour l'inciter à se nourrir. Mais il refuse. Il choisit de mourir avec elle. Deux morts qui attristent l'infirmier, touché par la force de leur amour.

Marguerite, elle, vit un autre drame. Elle est atteinte de la maladie d'Alzheimer. Gilles s'attache rapidement à elle. C'est une femme qui a la bougeotte, qui veut souvent sortir. Elle va manger au restaurant du Woolworth, dans le Mail Saint-Roch. Lui boit un café pour l'accompagner. Elle s'installe au comptoir, assise sur un tabouret, et ne se gêne pas pour faire à voix haute des réflexions sur les autres clients. Gilles se rappelle : « Une fois, elle avait commandé un steak. Tout à coup, elle me donne un coup de coude. "J'ai oublié mon dentier, va vite le chercher." Quand je le lui ai apporté, devant tout le monde qui la regardait, elle l'a mis dans sa bouche, comme si de rien n'était. Elle était un peu comme un enfant. » Marguerite, c'est quatre à six fois par jour que Gilles doit lui rendre visite. Pendant plus d'un an et demi. Elle aussi, il l'assiste jusqu'à sa mort.

Joseph, lui, c'est une autre histoire. Le Service Amical Basse-Ville a déjà proposé à d'autres bénévoles de prendre soin de lui. Mais le patient est difficile, très difficile. « Il était très exigeant. Il me demandait beaucoup. Un jour, je suis arrivé en retard. En colère, il avait fait ses besoins à terre. Et, avec sa main qu'il avait salie dans ses excréments, il m'a giflé. Moi, j'étais tenace. Je l'ai amené à la salle de bain, je l'ai lavé, comme d'habitude, comme s'il ne s'était rien passé. » Avec Joseph, les soins se prolongent durant huit mois jusqu'au jour où Gilles le trouve par terre, paralysé. L'homme ne peut bouger qu'un œil et une main. L'infirmier l'accompagne à l'hôpital où il ne vivra que quelques heures.

Les responsables du Service Amical Basse-Ville sont heureux d'avoir recruté un infirmier auxiliaire diplômé, une denrée rare chez les bénévoles. Il sait reconnaître les signes d'une maladie, en suivre l'évolution, administrer les médicaments et les traitements prescrits par le médecin et faire des injections. Les études qu'il a faites sont variées : du comportement psychologique du malade à la méthode appropriée pour un transfert en fauteuil roulant. Son diplôme lui donne le droit de prodiguer des soins professionnels sans être attaché à un hôpital. En plus, Gilles ne compte pas les heures et est entièrement dévoué à ses patients.

Grâce à son travail auprès des malades, Gilles a repris goût à la vie. La dépression et les idées noires ont disparu. Même s'il demeure toujours bénéficiaire de l'aide sociale, il n'a plus à se chercher un emploi. Son bénévolat est reconnu par la Sécurité du revenu. Il recommence à s'intéresser à l'actualité, à ce qui se passe dans le monde.

En ce début du mois de juin 1986, les médias annoncent le passage à Québec de mère Teresa. Elle recevra un doctorat honorifique de l'Université Laval et prononcera une conférence. Cette sainte femme qui a voué sa vie aux plus pauvres des pauvres est un modèle pour lui. Il rêve d'aller la rencontrer. Peut-être y aura-t-il des moments où le public pourra l'apercevoir ?

Quelques jours plus tard, sœur Pouliot, la directrice du Service Amical, rassemble les bénévoles. De la grande visite est là. Un délégué de l'archevêché leur annonce que mère Teresa viendra les voir. Rendez-vous est donné à tout le monde pour le lendemain matin.

« Tout ce qu'on nous demande pour être là, c'est d'emmener avec nous un patient : un handicapé, une personne âgée, une personne malade. C'est notre clé pour entrer. Moi, je voulais absolument y être. Alors je vais chercher un monsieur qui est en chaise roulante. Je l'avais choisi en me disant que c'était une figure que mère Teresa allait aimer. Je vais le chercher à peu près une demi-heure avant le rendez-vous. Il est en train de boire une bière. Il ne veut pas être dérangé. Il ne veut rien savoir de mère Teresa. Moi, je comptais sur lui. Je n'avais pas pensé à d'autres personnes. J'ai insisté. Je lui ai même promis que je lui achèterais de la bière s'il venait avec moi. Il a fini par accepter. J'ai appelé un taxi, j'ai pris la chaise roulante et je l'ai mise dans la valise du taxi. On est arrivés à la dernière minute à la maison du Service Amical Basse-Ville. Tout le monde était déjà en place pour recevoir mère Teresa. Alors on s'est retrouvés, avec le monsieur en chaise roulante, dans le fond de la salle.

« Ça faisait peut-être dix minutes qu'on était là quand elle est arrivée. Le cardinal Vachon de Québec est entré. Et, derrière lui, je l'ai aperçue. Elle était toute petite, toute petite, plus petite que moi. Je l'ai vue sourire et faire le tour de la salle des yeux. Même que ça faisait deux fois qu'elle me regardait. On a pris mère Teresa par le bras pour la guider vers les premiers patients. Mais elle s'est plutôt avancée vers moi. On s'est regardés et ça a été l'extase. Tout le monde autour se demandait ce qui se passait. On était tous les deux dans un monde à part. Elle m'a imposé les mains — un geste absolument incroyable, un médecin de Calcutta m'a affirmé, plus tard, qu'elle ne faisait jamais ça — et elle s'est mise à prier pour moi dans sa langue. Je me suis levé et je lui ai demandé, en anglais, de m'emmener avec elle. Elle s'est contentée de sourire. »

Après quelques instants passés avec Gilles, mère Teresa fait le tour des autres personnes présentes. Il veut encore la voir et choisit de sortir du local. Il s'installe près du véhicule qui la transporte. « À un moment donné, je la vois descendre les escaliers accompagnée d'une religieuse de sa communauté. Elle entre dans l'auto. Même s'il y a des policiers qui l'entourent, je me suis avancé. Ils m'ont laissé passer. Quand je suis arrivé à côté de la voiture, elle m'a regardé. Le même regard intense qu'à l'intérieur. Elle a mis sa main sur la vitre. J'ai fait exactement comme elle. Elle a fait un cercle avec sa main sur la vitre. J'ai continué à suivre. Puis la voiture a démarré. Pour moi, cette rencontre-là, c'est comme si mère Teresa était venue d'Inde juste pour moi, pour me dire que j'avais choisi la bonne voie, que ma mission était maintenant commencée. » Le 14 juin 1986, une date à jamais inscrite dans la mémoire de l'homme.

Le bon Samaritain comme modèle

Tout jeune, Gilles voulait déjà soigner les gens. Un jour de 1952, à peine âgé de dix ans, il déclare à sa grand-mère :

« Moi, quand je serai grand, je serai prêtre, médecin et missionnaire ! » Celle-ci n'est pas étonnée. Depuis qu'il est capable de marcher, il l'accompagne dans sa tournée de visites aux malades dans Trois-Rivières et il s'intéresse aux soins qu'elle prodigue.

Il admire tellement cette femme, Germaine Pronovost, qui travaille pour la Croix-Rouge, cofondatrice, avec son mari, de la section locale de la Légion canadienne qui vient en aide aux anciens combattants. Avec elle, il arpente les rues de la paroisse Saint-Philippe, un quartier que l'on qualifie à l'époque « d'industrieux et de religieux ». Aujourd'hui encore, il en parle avec émotion. « Ma grand-mère, tout le monde la connaissait. Mon grand-père était un cousin d'Ovila Pronovost, celui des *Filles de Caleb.* Ils étaient tous les deux très charitables. Ma grand-mère allait visiter les patients à domicile et à l'hôpital. Les gens étaient contents de la voir arriver. Et elle était fière de me montrer à tout le monde, moi, son premier petit-fils. Elle m'emmenait partout, chez les malades, auprès des mourants, au manège militaire, aux activités de la Légion, au marché. »

Dans ce quartier qui profite de l'essor économique de l'industrie de guerre, aux côtés de sa grand-mère, l'enfant apprend à regarder ce que les autres préfèrent ignorer : les malades, les handicapés, les mendiants. Il apprend aussi à agir pour soulager la douleur. Quand il demande à sa grand-mère « une cenne » à donner à ceux qui quêtent dans la rue, elle l'encourage et le félicite. Fière de lui, elle raconte l'anecdote à ceux qu'elle rencontre. L'enfant est timide, mais le compliment lui fait plaisir et l'incite à recommencer.

Il n'est pas étonnant que, parmi ses plus lointains souvenirs, se dessine celui d'une voisine atteinte de la maladie de Parkinson. « Je me rappelle qu'elle était assise toute la journée devant sa fenêtre et qu'elle tremblait tout le temps. Une vieille femme, toute seule. J'aurais voulu aller lui parler, j'aurais voulu l'aider ». Il a encore en mémoire l'image d'un bossu : « Les enfants riaient de lui, et moi, j'en voulais aux enfants. »

Guenilles-bouteilles est un autre personnage de son enfance. « Il y avait un homme qui se promenait tous les jours dans une charrette tirée par un cheval. Dans le temps, le pain, le lait, la glace, tout était livré à cheval. Il paraissait sale et était habillé pauvrement. Il criait sans cesse : “guenilles, bouteilles”. Les gens lui apportaient toutes sortes de choses. Un soir, mon père l'a fait entrer dans la maison. Il lui a donné un grand verre d'eau et des vêtements. Je pouvais enfin voir le quêteux de près et l'entendre dire autre chose que “guenilles, bouteilles”. Ce soir-là, j'ai été heureux. J'étais fier de mon père. La présence du pape ne m'aurait pas apporté plus de bonheur. »

Ce n'est pas peu dire. Dans les années cinquante, la vie quotidienne est ponctuée par la pratique religieuse, le respect est dû au clergé, et les autorités ecclésiastiques sont vénérées. On ne fait pas qu'assister à la messe. Il y a les confessions chaque semaine, les vêpres du dimanche après-midi, le chemin de croix, les retraites des femmes et celles des hommes. Il y a aussi l'Apostolat de la prière, l'offrande à Dieu de chacune des actions de la journée pour le salut du monde.

Les enfants de Marie et la Ligue du Sacré-Cœur s'emploient à entretenir la piété dans la paroisse avec leurs processions solennelles en mai et en juin. L'Action catholique incite les jeunes et les ouvriers à travailler, à étudier et à se récréer chrétiennement. Les scouts et les guides ont pour mission de s'assurer que les adolescents vivent avec un esprit sain dans un corps sain. L'Œuvre des terrains de jeux s'occupe des enfants, et les cercles Lacordaire et Jeanne-d'Arc tentent d'enrayer le « fléau dévastateur de l'alcool ». Sans compter la Confrérie du Rosaire et celle du Très-Saint-Sacrement, la Croisade Eucharistique, la Ligue des Retraitants, les Enfants de chœur, autant de regroupements pour une petite paroisse qui comptait, en 1949, 8 122 fidèles.

« J'avais peut-être deux ou trois ans quand j'ai commencé à aller à l'église régulièrement, raconte Gilles. Je me souviens que, dans l'église Saint-Philippe, on s'assoyait toujours à la même place, du côté gauche. Je ne suivais pas la messe attentivement. J'étais trop petit pour comprendre. Devant nous, il y avait un grand tableau représentant la parabole du bon Samaritain. On m'a raconté son histoire. Un homme a été blessé par des voleurs qui l'ont laissé au bord de la route à moitié mort. Un prêtre est passé sur cette route, il a vu l'homme et s'est écarté. Un lévite a fait la même chose. Mais un voyageur, un Samaritain, l'a vu et a eu pitié de lui. Il l'a soigné et l'a conduit à une auberge. Il a remis de l'argent à l'aubergiste pour qu'il prenne soin de lui jusqu'à ce qu'il soit guéri. J'ai trouvé l'histoire tellement belle ! Je pense que ça m'a tellement touché que ça a orienté toute ma vie ! »

C'est ce qu'il est devenu, une quarantaine d'années plus tard, le bon Samaritain de Saint-Roch. Gilles travaille de seize à dix-huit heures par jour, sept jours par semaine. Le CLSC Basse-Ville lui envoie quelques malades tout comme les travailleurs sociaux de l'Hôtel-Dieu. Grâce à un téléavertisseur que lui fournit maintenant le Service Amical Basse-Ville, il peut être rejoint en tout temps. Même pendant les deux heures de congé qu'il s'accorde par semaine. Deux heures qu'il passe à flâner à vélo ou à pied dans le Vieux-Québec ou sur les plaines d'Abraham. Il fait aussi une visite à une petite chapelle de la rue Sainte-Ursule où il aime se recueillir et allumer un lampion.

Il n'y a pas que la détresse des humains qui intéresse Gilles. Pendant une de ces promenades, se trouvant aux abords du Château Frontenac, il entend des miaulements. Ce ne peut être qu'un chat égaré. Aux alentours, il n'y a pas de résidences. Tout à coup, il aperçoit un gros chat jaune, tout sale. « C'était clair pour moi qu'il était perdu. Je ne pouvais pas le ramener à la maison, mes chattes ne l'auraient pas accepté. C'était un dimanche, la Société protectrice des animaux était fermée. J'étais vraiment embêté. Mais je ne pouvais pas laisser un animal errant souffrir tout seul dehors. J'ai pris le chat dans mes bras. Je l'ai caressé. Et, en même temps, j'ai prié. Je me suis assis sur un banc et j'ai prié longtemps. Tout à coup, qu'est-ce que j'ai entendu ? Une voix de femme qui criait : “On l’a trouvé !” Deux femmes se sont approchées. Elles cherchaient leur chat depuis une semaine. »

Gilles est sincèrement heureux d’avoir aidé à ces retrouvailles. Il sait, pour l’avoir vécu, à quel point la présence d’un compagnon animal adoucit la solitude. Son amour des animaux est maintenant bien connu dans tout Québec. On lui a d’ailleurs demandé, en 2003, d’être président d’honneur de la campagne de financement d’Adoption chats sans abri. Il n’oubliera jamais que c’est le souvenir de ses chattes qui l’a empêché de se suicider.

Les Tout P’tits d’Alphonse

Voilà pourquoi il est si sensible à la détresse d’Alphonse, un nouveau protégé qu’il soigne depuis quelques mois et qui vient de perdre son chien. Alphonse souffre de la maladie d’Alzheimer comme Marguerite, que Gilles voit toujours. Les Duchesneau sont maintenant décédés ainsi que Joseph. D’autres patients confiés à Gilles par le Service Amical Basse-Ville ont rapidement pris leur place dans l’horaire chargé de l’infirmier, qui visite maintenant régulièrement une centaine de personnes.

Alphonse lui a été confié par l’hôpital Courchesne, un centre de jour aujourd’hui disparu. Il a perdu son autonomie mais ne veut pas aller habiter dans un foyer, sachant que son chien n’y sera pas admis. C’est ainsi que, chaque jour, les employés de l’hôpital viennent le chercher pour le laver et le faire manger. Mais Alphonse ne prend pas toujours la chose avec plaisir. Il est souvent agressif. Quand Gilles entend parler de ce cas, il accepte tout de suite de s’en charger. La première fois qu’il se rend chez lui, il n’y a que le chien à la maison. Des voisins lui disent qu’il trouvera probablement le malade à la brasserie voisine. L’infirmier va le rejoindre, se présente, et Alphonse accepte qu’il s’occupe de lui.

Rapidement, Gilles se rend compte que le chien, Tout P'tit, n'est pas bien traité. « Je voyais Alphonse ouvrir des boîtes de conserve, n'importe quoi, ça pouvait être des *beans*. Le chien mangeait directement dans la boîte. Tranquillement, je lui ai appris à changer l'alimentation du chien. Mais ça n'a pas été suffisant. Probablement que ça faisait trop longtemps qu'il était mal nourri. Il dépérissait, il vomissait souvent. J'ai convaincu Alphonse qu'il fallait qu'un vétérinaire l'examine. Je me souviens qu'on a pris un taxi pour se rendre chez celui qui soignait mes chattes. Il nous a dit que le chien avait probablement un cancer, que l'opérer coûterait extrêmement cher. Alphonse pouvait prendre une journée pour décider s'il le faisait euthanasier. Le vétérinaire a placé Tout P'tit dans une grosse cage. Et là j'ai vu Alphonse entrer dans la cage, à quatre pattes, pour le flatter. Et pleurer. Ça m'a fait mal de l'entendre pleurer comme ça. J'ai ramené Alphonse chez lui. Même s'il était atteint d'Alzheimer, ça n'empêchait pas Alphonse d'entendre raison. Il a décidé de laisser partir Tout P'tit. »

Pour réconforter son patient, Gilles envisage même de lui acheter un autre chien. Mais la Providence lui vient en aide. « Deux ou trois jours plus tard, j'étais sur la rue Dorchester. J'entends crier : "Sauve-toi ! Sauve-toi !" Je regarde et je vois une auto au coin du boulevard Charest. Le conducteur tenait la porte ouverte et disait à son chien de s'en aller. C'était un homme qui abandonnait son chien, comme ça, sur le trottoir. Je trouvais que ça n'avait pas de bon sens. J'ai essayé d'attraper l'animal qui s'en allait dans la rue. J'ai couru après lui. Ça klaxonnait de partout. J'ai fini par l'attraper. Là, je me suis dit : "Il est envoyé du ciel, ce chien-là, pour Alphonse !" En fait, le chien était une chienne. J'ai dit à Alphonse qu'on allait l'appeler Toute P'tite. »

Tout en amenant Alphonse à prendre soin correctement de son chien, Gilles a réussi à lui faire admettre que lui-même doit se laver chaque jour, changer régulièrement de vêtements et s'alimenter sainement. Entre les deux hommes se noue une relation intense. Cependant, mois après mois, la maladie fait de plus en plus de ravages. Quand Alphonse sort de chez lui, il oublie où il va et même qui il est. L'infirmier lui fixe sur le dos, chaque matin, une affichette où il a inscrit son nom et son numéro de téléavertisseur. Ainsi, quand le malade s'égare dans le Mail Saint-Roch ou dans les rues des environs, les agents de sécurité et les policiers peuvent appeler Gilles pour qu'il le ramène à la maison. « En fait, je l'avais adopté comme père. »

Lorsqu'un fort tremblement de terre secoue Québec le 25 novembre 1988, Gilles part en courant de chez lui pour aller rassurer son patient. Cela fait — il l'a trouvé réfugié au troisième étage de la maison, lui qui peut à peine marcher —, l'infirmier entreprend une tournée de visites à tous ses protégés dans la ville assombrie par une panne d'électricité. Il les réconforte par sa présence et grâce aux bougies qu'il leur distribue.

Alphonse ne peut promener la chienne sans aide. C'est Gilles qui s'en charge la plupart du temps. « C'est quatre fois par jour que je la sortais. Avec elle, j'en ai vécu des aventures. Je me souviens d'un soir d'automne. Il pleuvait et il faisait froid. Je me dépêchais de la ramener à la maison. Mais elle m'attirait dans une autre direction. Elle m'a fait traverser la rue et là, j'ai entendu pleurer. Elle m'a emmené dans un stationnement d'autos. J'ai trouvé une femme soûle, étendue dans la boue, avec son bébé d'à peu près deux ans. J'ai appelé les policiers qui sont venus la chercher. Sans Toute P'tite, ils seraient certainement morts. »

Toute P'tite a ensoleillé les trois dernières années de la vie d'Alphonse. Un jour de 1990, Gilles trouve son patient paralysé, comme il avait déjà trouvé Joseph. « Quand on l'a conduit à l'hôpital, ç'a été dramatique. Il a fallu que je mette Toute P'tite sur la civière, dans les bras d'Alphonse. J'étais sûr qu'il ne reviendrait pas à la maison. Il est mort trois jours plus tard. Entre mes visites à domicile, je montais à l'Hôtel-Dieu peut-être sept ou huit fois par jour pour lui tenir compagnie. Je suis arrivé juste à temps pour le voir mourir. Ç'a été la dernière respiration. Alphonse m'a regardé. Puis il est parti. C'est moi qui lui ai fermé les yeux. J'ai décidé de garder Toute P'tite et je l'ai ramenée chez moi. »

Gilles la gardera jusqu'à ce qu'elle soit elle-même malade, de nombreuses années plus tard. En août 1997, il lui rend hommage devant les fidèles de l'église Saint-Roch. « Je vous présente mon petit chien. C'est une chienne. Son nom est Toute P'tite. Elle est maintenant très âgée. Elle souffre d'arthrite, d'arthrose. Je l'ai mise au Tylénol. Si je suis venu vous la présenter aujourd'hui, c'est pour rendre grâce à Dieu de me l'avoir envoyée. Je vous présente Toute P'tite comme étant une envoyée-missionnaire. Elle a l'instinct missionnaire. »

Gilles raconte l'histoire d'Alphonse ainsi que celle de la femme trouvée dans la boue. « Depuis toutes ces années, Toute P'tite a fait environ quatre mille visites à domicile auprès des personnes âgées, malades, démunies, seules et abandonnées. Si vous saviez comment ces gens qui souffrent oublient leurs misères pendant que Toute P'tite est là près d'eux ! Toute P'tite a appris à soulager la misère. Toute P'tite remplit ma solitude par sa présence. Maintenant, Toute P'tite est très âgée. Si elle pouvait parler, elle me dirait sûrement "mission accomplie". S'il vous plaît, applaudissez Toute P'tite. »

La difficile relation avec le Service Amical Basse-Ville

Gilles consacre tout son temps à ses patients. Le Service Amical Basse-Ville lui demande de faire rapport de ces activités. Pour Gilles, c'est du temps perdu que de remplir ces paperasses. C'est du temps volé à ses protégés. « Au début, je les faisais, leurs statistiques. Mais plus ça allait, plus j'avais de patients. Plus ça me demandait de temps d'écrire tout ce que je faisais, les soins infirmiers, l'entretien ménager, la popote. Ça n'en finissait plus ! Et moi, je ne comprenais pas pourquoi il fallait que je perde tant de temps à le faire. »

C'est Jeannine Vézina, l'assistante de la directrice, qui lui fera comprendre la raison de cette corvée. L'organisme doit rendre des comptes précis pour recevoir des subsides gouvernementaux. « Plus Gilles soignait de gens, explique-t-elle, plus le Service Amical Basse-Ville recevait d'argent. Un jour, ils ont engagé une jeune qui sortait de l'école comme coordonnatrice des soins infirmiers. Il n'y avait que Gilles comme infirmier ! C'était clair que le Service Amical voulait le contrôler. La nouvelle a demandé à Gilles le nom de tous ses patients. Elle s'est mise à le suivre chez eux. Lui, il ne voulait pas déranger ses malades avec ça. Tout ce qu'il voulait, c'était les soigner comme il faut. »

Un travail dont la qualité est appréciée par les intervenants du quartier, comme en témoigne une lettre que l'équipe gériatrique de l'Hôtel-Dieu fait parvenir, à cette époque, à une fonctionnaire de l'aide sociale. Le 14 janvier 1992, ils écrivent : « Nous sommes à même de constater, depuis quelques années, les nombreux services que rend Gilles Kègle aux personnes âgées qui fréquentent notre centre hospitalier. Plusieurs de nos malades ont pu retourner à domicile et s'y maintenir grâce à ses soins assidus. Sa grande disponibilité leur assure la sécurité, élément déterminant d'un maintien à domicile dans de bonnes conditions. Nous avons appris à compter sur lui et à apprécier sa compétence et son efficacité. Nous souhaitons vivement que ce travail soit reconnu à sa juste valeur et que monsieur Kègle puisse le continuer dans les meilleures conditions possibles. » Une copie de cette lettre est adressée à la coordonnatrice des soins infirmiers du Service Amical Basse-Ville.

En 1989, Bruno Richard, un journaliste de la Société Radio-Canada, réalise un reportage sur l'organisme. Tout de suite, il choisit de concentrer le tournage sur le travail de l'infirmier. Un caméraman et un perchiste le suivent au domicile de ses patients. En fin de compte, c'est un reportage sur Gilles qui est présenté aux téléspectateurs. Certaines personnes de l'organisme prennent ombrage d'une telle célébrité.

Cela n'est pas pour améliorer la situation qui, au fil des ans, est devenue tendue entre l'infirmier et l'organisme. Quand Gilles comprend que le Service tire une bonne partie de ses revenus de son travail à lui, il trouve injuste le traitement qu'il reçoit en retour. « Les gens savaient que j'étais sur le bien-être social. Dans leur local, il y avait une salle à manger où on pouvait acheter des repas. Jamais on m'a offert de manger là pendant les cinq ans que j'ai travaillé avec eux autres. En plus, quand j'ai refusé de donner les statistiques, ils m'ont dit qu'ils allaient arrêter de payer pour ma pagette. Je trouvais ça pas mal difficile. Je leur ai dit : "Vous ne me payez pas. Ne m'enlevez pas mon moyen d'être rejoint par mes patients." La réponse que j'ai eue, c'est qu'il fallait que ça se passe comme ils le voulaient. Alors j'ai décidé de donner ma démission. Je leur ai dit que je m'en allais mais que je ne voulais pas qu'ils touchent à mes malades. Que j'allais continuer de m'en occuper tout seul. Que j'allais m'arranger. Le Service Amical Basse-Ville ne s'attendait pas à ça. Ç'a été un moment bien triste. » La collaboration prend fin au début de l'année 1992.

Pendant quelques mois, Gilles poursuit seul sa mission. « Moi, dit-il, j'étais heureux. Je faisais le travail que j'aimais. Mais j'avais peur que le bien-être social me fasse des misères. » Ce qui ne tarde pas. Gilles est rapidement convoqué dans les bureaux de la Sécurité du revenu et avisé qu'il doit se trouver un emploi. Une fonctionnaire se permet d'ailleurs de lui faire la leçon : « Charité bien ordonnée commence par soi-même. » En plus d'être angoissé par la peur de perdre son maigre chèque mensuel qui suffit à peine à le faire vivre, Gilles se retrouve seul à assumer le coût du matériel dont il a besoin pour soigner ses patients.

Une chance que les fonctionnaires ne savent pas que Gilles héberge l'un de ses oncles, Lucien. Cela entraînerait d'autres problèmes avec la Sécurité du revenu puisque le montant du chèque d'un prestataire de l'aide sociale doit être réduit s'il habite avec une autre personne.

« Un jour, je pense que c'était en 1988, j'ai reçu la visite d'un de mes oncles de Montréal. Il me raconte qu'il a été mis à la porte par sa femme et ses enfants parce qu'il est alcoolique. Il me supplie de le garder avec moi. Je suis son seul espoir. Je n'étais pas capable de le garder dans mon appartement de la rue Saint-Félix, c'était trop petit. Alors je l'ai retourné à Montréal en lui disant que dès que je me trouverais un loyer qui aurait de l'allure, je le rappellerais. J'ai déménagé sur la rue du Roy, dans un quatre et demi, et il est venu me rejoindre. » Lucien, alors âgé d'une soixantaine d'années, est aussi prestataire de la Sécurité du revenu. La cohabitation durera quelques années jusqu'à ce que l'oncle commence à toucher sa pension de vieillesse. Il a alors les moyens de subvenir seul à ses besoins et retourne vivre à Montréal.

La séparation d'avec le Service Amical Basse-Ville a d'autres conséquences. « On me demande de me rendre au CLSC Basse-Ville pour rencontrer l'équipe de travail. Je leur explique que je continue quand même avec mes patients. On me dit : " Gilles, c'est dangereux. Si tu tombes malade, qu'est-ce qui va arriver avec tes patients ?" Eux, ils ont peur d'être obligés de les prendre en main. » Le CLSC ne serait pas capable de dispenser des soins aussi étendus — traitements infirmiers, entretien ménager, cuisine, accompagnement — à autant de personnes en plus de leur charge de travail habituelle. Ils sont déjà débordés par les tâches quotidiennes. Et le ministre de la Santé et des Services sociaux, Marc-Yvan Côté, annonce une réforme dont ils craignent le pire.

Même si Gilles est heureux de soigner ses patients comme il l'entend, les craintes du personnel du CLSC l'ébranlent. En effet, qu'adviendrait-il d'eux s'il tombait gravement malade ? « [En plus,] je me sentais mal à l'aise quand on me demandait pour qui je travaillais, écrira-t-il, deux ans plus tard. J'avais l'air d'un orphelin en peine. J'avais vraiment besoin d'une famille, de support. »

CHAPITRE II

Enfin l'Archipel d'Entraide

Un samedi de juin 1992, Gilles est demandé d'urgence auprès d'un ami, Marcel, qui ne se sent vraiment pas bien. Tandis que l'infirmier vérifie sa tension artérielle et le rassure sur son état de santé, l'homme lui parle d'un organisme du quartier qui vient en aide à ceux qui vivent en marge de la société : sans-abri, toxicomanes, prostituées. Il rejoint aussi de très nombreuses personnes souffrant de troubles sévères de santé mentale qui ont été renvoyées des hôpitaux après la grande désinstitutionnalisation amorcée dans les années 80.

Gilles se demande si un tel organisme ne pourrait pas devenir sa nouvelle famille. « Le lendemain après-midi, j'étais à l'Archipel. J'ai été reçu à bras ouverts. Bob ne m'a pas dit : "si tu veux", mais plutôt "reste avec nous, on va t'aider". Je venais de trouver ma vraie famille à Québec. J'avais déjà les personnes âgées, et voilà que j'avais des frères et des sœurs ! »

Fondé en 1989, l'Archipel bénéficie de subsides gouvernementaux et compte sur l'aide de bénévoles. L'organisme participe également à un programme de création d'emplois dont l'objectif est la réinsertion des prestataires de l'aide sociale, programme grâce auquel Gilles pourrait être embauché. C'est ainsi qu'il s'insère dans le cercle vicieux vécu par les travailleurs des organismes communautaires : programme d'emploi rémunéré au salaire minimum pendant quelques mois, prestations d'assurance-emploi, suivies par celles de la Sécurité du revenu si les précédentes sont épuisées avant que l'organisation n'obtienne une nouvelle subvention salariale.

Gilles ne s'engage pas à l'aveuglette avec l'Archipel. « Je souhaitais adhérer à un organisme qui n'abuse pas de moi. Je leur ai raconté mon histoire. Je leur ai parlé de mes patients. Je leur ai aussi dit que je pourrais leur faire des statistiques pour les aider à avoir de l'argent du gouvernement. Mais je ne voulais pas être obligé de le faire. Je voulais qu'on me laisse en paix. On m'a dit que j'étais le bienvenu. On m'a promis qu'on ne m'obligerait jamais à leur livrer les noms de mes patients et les soins que je leur donnais. On m'a dit que ce ne serait pas nécessaire parce que le gouvernement leur donnait de l'argent. »

Le « chevalier des miséreux »

Enfin, Gilles n'a plus de soucis. Il peut sereinement continuer dix-huit heures par jour, sept jours par semaine, à venir en aide à ceux qui ont besoin de lui. Un travail d'infirmier : administrer les médicaments, faire des injections, renouveler les pansements. Également celui d'un préposé aux bénéficiaires : donner le bain, changer les vêtements, aider à manger, soutenir pour quelques pas d'exercice. Il s'occupe aussi du ménage et des courses. En plus, il soigne une grande douleur : la solitude.

De plus, bien souvent, il joue le rôle d'un membre de la famille ou d'un ami. Il s'occupe de la déclaration de revenus de l'un ou des réclamations de l'autre à propos d'un chèque de pension qui n'arrive pas. Il lit quelques pages du journal à celui qui est aveugle ou écrit une carte de vœux destinée au parent éloigné d'un analphabète. C'est également lui qui, la plupart du temps, appellera l'ambulance pour le dernier séjour à l'hôpital. Quand il ne trouve pas le patient déjà mort en allant lui rendre visite. Il l'accompagnera jusqu'à ce que celui-ci rende son dernier soupir et entrera en contact avec la famille pour annoncer le décès.

Dans les quelques moments de repos qu'il s'accorde, il promène sa chienne Toute P'tite dans le quartier. C'est ainsi qu'il fait connaissance avec Robert Fleury, un journaliste du *Soleil,* qui deviendra un grand ami et confident. De fil en aiguille, Gilles lui explique son travail. Impressionné, le journaliste parle de l'infirmier à l'un de ses collègues, Alain Bouchard. Celui-ci décide d'enfourcher sa bicyclette et de suivre Gilles pendant toute une journée. L'article paraît en première page du journal, sous le titre « Le chevalier des miséreux », le 26 mai 1992.

Robert Fleury témoigne également de cet apostolat dans son livre *Basse-Ville,* paru en 1994. Il consacre à Gilles un chapitre intitulé « L'infirmier de Dieu ». L'auteur, qui est aussi bénévole dans un organisme de dépannage alimentaire, connaît déjà la misère qui sévit dans son quartier. Cependant, il est profondément troublé quand il accompagne Gilles dans une tournée de quelques heures qui les mène auprès d'une trentaine de malades. « Ce qui m'a le plus frappé, se souvient-il encore maintenant, c'est l'état de détérioration dans lequel les gens étaient. Beaucoup de problèmes de solitude. Pour eux, Gilles était le contact avec l'extérieur. Et, dans plusieurs appartements, quand tu entrais, l'odeur te faisait reculer. Une odeur suffocante d'urine, tellement forte, tellement âcre. Gilles, lui, ça ne le dérangeait pas. Il était habitué. Ça m'avait impressionné. Je me suis rendu compte à quel point il est vraiment quelqu'un d'exceptionnel. »

Dans *Basse-Ville,* il raconte, entre autres, l'histoire d'un couple dont la femme, âgée de 85 ans, est blessée à la jambe. Gilles est appelé à l'aide mais ne sait pas s'il peut réussir à éviter l'amputation. « L'affaire remontait à un accident automobile, écrit Robert Fleury. La jambe blessée fut recouverte d'un plâtre. Une fois la fracture guérie, le couple voulut éviter de retourner à l'hôpital pour faire enlever le plâtre. On prit donc des ciseaux… causant une nouvelle blessure par inadvertance. Les conditions d'hygiène étant exécrables, la plaie s'était infectée. Ils utilisaient des chiffons sales en guise de pansements ! » Il poursuit en précisant que Gilles n'a pas pu trouver, dans le logement, de savon pour se laver les mains. L'homme lui a même demandé combien cela coûtait. Après dix jours de soins, Gilles a réussi à sauver la jambe de la dame. Mais il n'a pas fait que cela. Il a également enseigné au couple les principes élémentaires d'hygiène nécessaires à la guérison.

La vulnérabilité des exclus

Gilles ne peut compter le nombre de ses patients qui sont, comme ce couple, des exclus de la société. Des gens qui ignorent leurs droits et qui n'imaginent même pas que la société peut leur venir en aide.

Comme Armand, qui ne reçoit aucune aide parce qu'il n'en a jamais demandé. Pour lui, l'infirmier se transforme en travailleur social. Comme pour des dizaines d'autres personnes, il fait les démarches nécessaires pour être admis dans les programmes de la Sécurité du revenu, obtenir la pension de vieillesse ou, tout simplement, la carte d'assurance-maladie. « Souvent, on se moquait de moi. On riait de moi quand je faisais ces démarches parce que j'étais moi-même sur le bien-être social. Pour Armand, on m'a reproché d'avoir trop attendu pour remplir les papiers. On me l'avait confié au mois de décembre et j'ai apporté les papiers en janvier. On m'a dit que par ma faute il allait perdre deux mois de chèques. Mais personne ne s'en était jamais occupé avant ! »

C'est au contact de ces démunis que Gilles se rend compte à quel point ils sont vulnérables face à qui veut les exploiter. C'est Alphonse qui le lui fait découvrir lorsqu'on vient lui réclamer pour une seconde fois le paiement du loyer. « Même s'il était atteint d'Alzheimer, il lui restait encore de la conscience, à Alphonse. Il s'est mis à crier : "Je l'ai payé, je l'ai payé." Moi, j'ai fait enquête. Ç'a été fini là. Mais j'en ai tellement vu d'autres cas comme ça après. » Comme ceux qui réclament vingt dollars pour apporter la communion à des gens qui sont pratiquement mourants ou encore ceux qui font de la revente de médicaments.

Gilles soigne aussi Richard, un alcoolique diabétique et cancéreux qui, pour une bière ou des caresses, dilapide son chèque mensuel. À un point tel que, régulièrement, c'est l'infirmier qui doit lui apporter de la nourriture. « J'allais le voir au moins deux fois par jour pour ses injections. Une fois, j'ouvre la porte. Il y avait une fille flambant nue. Son linge était par terre et Richard était étendu sur le lit, soûl, à moitié mort. Alors, j'ai pris le linge de la fille et je l'ai jeté dehors. La fille s'est mise à crier au meurtre. Elle a été obligée de s'habiller sur le trottoir. »

Un autre jour, une autre fille. « J'arrivais avec deux sacs d'épicerie. Elle, ça faisait plusieurs fois que je la voyais profiter de Richard. Ç'a été plus fort que moi, je lui ai lancé les deux sacs par la tête. Elle est sortie aussi. Quelquefois, ça me révolte tellement, ça dépasse tellement les limites, que je ne peux pas m'empêcher d'être violent. Ou de menacer d'appeler la police. C'est là qu'il est arrivé qu'on me réponde : "Ben toi, à un moment donné, on va finir par te tuer." »

D'autres fois, ce sont les patients eux-mêmes qui sont violents. Que leurs hallucinations soient dues à la maladie ou à l'abus de drogue ou d'alcool, il arrive qu'ils se retournent contre l'infirmier qui devient une menace à leurs yeux. Et, quelquefois, ils s'arment en conséquence. Pour l'un, c'est un couteau conservé près de la porte d'entrée. L'autre garde un revolver dans un tiroir. Un autre encore place un arc et des flèches bien en évidence dans le coin d'une pièce. Jusqu'à présent, Gilles a toujours senti la tension monter et a su se préserver des coups mortels. À l'occasion, il a dû faire appel aux policiers pour se protéger. Dans d'autres circonstances, sans vraiment réfléchir, il s'est mis lui-même en danger.

« Je connaissais un homme, un danseur nu, qui était en cure fermée à l'hôpital Robert-Giffard. J'ai su qu'il s'était échappé. Comme je savais dans quelle sorte d'endroit je pourrais le trouver, je suis parti à sa recherche. Alors que je venais d'entrer dans un bar et que je demandais s'il était là, un homme est venu me chercher pour m'emmener aux toilettes. Il a sorti un revolver et m'a demandé : "C'est quoi l'affaire ?" Je lui ai expliqué que le malade s'était sauvé de l'hôpital et que les policiers le cherchaient. Je lui ai dit que les policiers savaient que j'étais là — ça, ce n'était pas vrai. Alors, le gars a rangé son revolver et est allé chercher le malade. J'ai appelé les policiers et ils l'ont ramené à l'hôpital. »

En retour, il arrive que ce soient les policiers qui demandent à Gilles d'intervenir auprès d'une personne en détresse. D'autres lui sont référés par les Anciens Combattants, les travailleurs sociaux des hôpitaux ou du CLSC. Ou encore, c'est l'Archipel d'Entraide qui lui demande de venir à la rescousse.

« L'Archipel devait aller faire le ménage chez un ancien patient de Robert-Giffard encore hypothéqué mentalement. Pendant qu'ils lavent l'appartement, moi je m'occupe du monsieur. Il était sale, il avait des poux. On me laissait ça, m'occuper des poux. C'est parfaitement normal. Moi, je nage là-dedans depuis des années. Je finis par convaincre le monsieur de prendre un bain, je lui fais le traitement pour les poux, pour les morpions aussi. Et je lui mets des onguents sur tout le corps. Le monsieur s'habille. On s'en va contents. On a fait notre travail. Mais ce qu'on ne savait pas c'est que son appartement, c'était une piquerie. Le lendemain matin, à l'Archipel, ils reçoivent un appel du CLSC. Ils ont reçu une plainte des gens qui habitent avec le gars en question. Ils disent que je lui ai fait des attouchements. Là, tout le monde est mal à l'aise. Moi, je ne suis pas coupable, alors je suis calme. J'ai proposé au CLSC d'aller voir les gens à l'appartement. J'y suis allé, je leur ai expliqué ce que je faisais comme travail. Eux, ils avaient fait la plainte pour avoir de l'argent. Tout s'est finalement arrangé. »

Comme cela s'arrangera aussi à propos d'une autre accusation. Cette fois, elle vient d'un patient. Au pharmacien qui s'étonne de la quantité de médicaments qu'il a consommés, l'homme répond que c'est Gilles Kègle qui les lui a volés. « Moi, un infirmier, j'étais accusé de prendre les médicaments d'un malade. Là, j'ai eu peur, vraiment peur. Parce que c'est grave comme accusation. Heureusement que le pharmacien, monsieur Larue, me connaissait bien. À l'Archipel aussi, ils n'ont pas cru que c'était vrai. »

L'Archipel en péril

Au moment où ces événements se produisent, les responsables de l'Archipel en ont déjà par-dessus la tête de toutes sortes de problèmes. L'organisme est menacé de voir son budget passer de 207 000 $ par an à 80 000 $ à la suite de coupes dans les subsides gouvernementaux.

En juin 1993, ils obtiennent une rencontre avec le ministre de la Santé et des Services sociaux, Marc-Yvan Côté, pour expliquer leur point de vue. Ils demandent aux bénévoles d'être présents à la réunion. « Je leur ai dit que je ne pouvais pas y aller. Que j'étais trop pris par mes patients. De parler en mon nom, que je serais d'accord avec ce qu'ils diraient. Mais pendant que je donnais mes soins, je pensais à eux autres. Finalement, je me suis dit : "Peut-être que je peux les aider, eux autres aussi." Alors j'ai sauté dans un taxi. Quand je suis arrivé, tous les gens de l'Archipel se sont mis à applaudir. Comme si c'était leur sauveur qui arrivait. Ils m'ont donné la parole. J'ai raconté mon travail. »

La rencontre avec le ministre et ses attachés politiques ne suffit cependant pas à résoudre la crise. L'Archipel décide de tenir, quelques jours plus tard, une conférence de presse sur la place d'Youville où ses sympathisants entreprennent un bercethon. On y dénonce les changements de politique du gouvernement qui oblige l'organisme à réduire ses activités alors que les besoins sont de plus en plus grands. Il faudra, expliquent-ils, compter encore plus avec le travail des bénévoles pour continuer à assurer les services à la population.

C'est pendant cette conférence de presse qu'un des responsables de l'Archipel cite l'exemple de Gilles. Il décrit aux journalistes la quantité et la qualité des soins qu'il prodigue. Et explique que l'organisme ne peut pas lui payer un salaire. Qu'il reçoit des prestations d'assurance-emploi. Des prestations que les fonctionnaires menacent de réduire parce qu'il n'est pas disponible pour le travail : il fait du bénévolat à plein temps ! La revue *Relations* publiera, quelques semaines plus tard, un article signé par Robert Fleury et Pierre-André Fournier. Ils y résument ainsi la situation : « Ce n'est pas l'infirmier de rue qui grève le budget de l'Archipel avec ses prestations d'assurance-chômage de 120 $ par semaine en attendant de tomber sur le BS ! »

L'Archipel d'Entraide ne gagnera pas cette bataille. L'organisme se verra obligé de déménager dans un local plus petit et de mettre à pied une partie de ses travailleurs de rue. Mais Gilles aura appris de cette expérience à quel point son travail intéresse les médias.

Il le constate à nouveau, quelques jours plus tard. Un homme a installé sa tente sur la colline parlementaire. Il a entamé une grève de la faim dans le but d'accélérer les démarches pour retrouver son enfant qu'il accuse sa femme de lui avoir enlevé. Après plusieurs jours sans manger, il se sent faiblir et demande l'assistance d'un médecin. « Il n'y a que moi qui suis allé le voir. Tous les médecins avaient peur de la responsabilité. J'allais le visiter tous les jours. Personne ne s'intéressait à lui, à part les journaux et la télévision, parce que ça faisait sensation. Un matin, je pense que ça faisait 38 ou 39 jours qu'il n'avait pas mangé, j'étais vraiment inquiet de son état. J'avais peur qu'il meure. J'ai décidé, même s'il ne le voulait pas, d'appeler l'ambulance et la police pour le faire hospitaliser. Ils ont réussi à le convaincre d'être emmené à l'Hôtel-Dieu. Là, les médecins m'ont dit que j'avais bien fait, que sans moi il serait mort. J'ai fait beaucoup de télévision à ce moment-là. Le monde commençait pas mal à me connaître. »

Le héros de La Chancelière

Un autre incident, six mois plus tard, augmentera encore sa notoriété. Le 29 décembre 1993, il fait procéder à l'évacuation de La Chancelière, un HLM où logent 180 personnes, dont plusieurs de ses patients. Gilles raconte cet épisode comme s'il s'était produit hier.

« Il faisait terriblement froid et il y avait de la poudrerie. J'arrive à La Chancelière vers 6 heures le soir. Je me rends compte qu'il n'y a pas d'électricité. Je vois qu'il y a des techniciens qui sont là pour réparer la panne. Alors je me mets à faire le tour des étages pour rassurer les gens, leur dire qu'on s'occupe d'eux. Mais en visitant les appartements, je constate que beaucoup de personnes ont sorti des chandelles. C'est normal, l'hiver à 6 heures le soir, il fait noir. Moi aussi, j'en donne des chandelles à ceux qui n'en ont pas. Mais ça m'inquiète. Parmi les locataires, il y a beaucoup de personnes âgées, des aveugles, des handicapés, des personnes qui peuvent s'endormir en laissant une chandelle allumée ou l'échapper et mettre le feu. Je retourne voir les techniciens pour leur demander quand les réparations vont être finies.

« Ils me disent que ce sont les transformateurs qui ont sauté, qu'ils ne savent pas s'ils pourront réparer avant minuit. Moi, j'avais peur pour les personnes âgées. Quand il fait aussi froid dehors, ça ne prend pas beaucoup de temps pour refroidir les maisons. Alors j'ai pensé à l'église située en face. Je suis allé voir le curé pour lui demander d'ouvrir le sous-sol pour qu'on amène les gens au chaud. Pierre-André Fournier me dit oui tout de suite. Je me demande comment je vais faire pour avertir tous les gens que l'église peut les accueillir. Il fallait aider ceux qui n'étaient pas capables de s'habiller tout seuls, les aveugles, ceux qui étaient en fauteuil roulant. Avec les agents de sécurité de La Chancelière, on a fait le tour de toutes les portes. On leur disait qu'il fallait évacuer. Il y a des gens qui ne voulaient pas. On leur expliquait ce qui arrivait mais on ne pouvait pas les forcer. Une chance que les génératrices fonctionnaient. Ça fait qu'il y avait des petites lumières dans les corridors et qu'on pouvait utiliser l'ascenseur.

« Vers 9 ou 10 heures, en sortant de l'ascenseur avec une personne en chaise roulante, je vois le directeur de l'Office municipal d'habitation avec des agents de sécurité. Tout à coup, je me rends compte de la gravité de ce que je suis en train de faire. J'ai pris la décision mais ce n'était pas à moi à décider. Je me suis dit : " Ça y est, il va me tomber sur la tomate, j'ai pris une responsabilité qui ne me regardait pas." Je raconte toute l'histoire au directeur. Il n'était pas fâché du tout. Il m'a donné la main et m'a dit : "Merci, Gilles !" Là, j'ai été tellement soulagé.

« On a fini l'évacuation vers minuit. Quelqu'un a appelé la Croix-Rouge qui est arrivée à l'église avec des lits de camp, du café. Il y en a qui ont apporté des beignes. Mais là, il y a des gens qui se rendent compte que ça va durer plus longtemps qu'ils pensaient. Ils n'ont pas apporté leurs pilules. Ils sont inquiets. Il fallait que je reparte chercher les médicaments de tout ce monde-là. Comme ils étaient inquiets, je prenais le temps de prendre leur pression, de les calmer. Il y en a d'autres qui avaient des animaux qu'il fallait soigner. J'ai passé toute la nuit à courir entre le sous-sol de l'église et La Chancelière.

« Le lendemain matin, on nous a appris que, pour faire la réparation, ils devaient faire venir les transformateurs de Granby. Que ça pourrait prendre deux jours encore pour que l'électricité revienne. Dans l'église, il n'y avait qu'une toilette, il n'y avait pas de douche. On ne pouvait pas rester là. Alors, les autorités ont décidé de transférer tout le monde à l'hôtel Le Roussillon, sur la rue de la Couronne. Dans des gros autobus, on a transporté tout le monde. Pour certains, c'était une fête. Ils trouvaient ça drôle. Mais il y en a d'autres qui étaient bien inquiets, il fallait que je les rassure. Les agents de sécurité voulaient que j'aille me coucher dans une chambre qu'ils m'avaient réservée. Moi, je ne pouvais pas vraiment dormir, il fallait que j'aille soigner mes autres patients. Je ne pouvais pas les abandonner. Je me suis reposé un peu et je suis reparti. »

Il est bien évident que les journaux ont relaté l'incident et qu'ils ont fait de Gilles le héros du jour.

Citoyen de l'année

En guise de remerciements, l'Office municipal d'habitation lui fournira gratuitement un téléavertisseur. Le directeur des services à la clientèle s'engage également à conclure une entente avec le Service Amical Basse-Ville, installé également à La Chancelière, pour que Gilles puisse avoir accès à un local de travail.

Le 14 mars, c'est au tour des habitants du quartier de remercier Gilles. Le Comité de citoyens Saint-Roch lui décerne le titre de Citoyen de l'année 1994. C'est ensuite la paroisse qui parle de son travail dans son *Bulletin paroissial,* et le vicaire prononce en chaire une homélie pour lui rendre hommage. Le 24 juin suivant, il est à nouveau récompensé.

Gilles décrit ainsi l'événement dans son journal intime :

« Ce matin, fête des Québécois, j'ai assisté à la messe en plein air sur les terrains du Centre récréatif Saint-Roch. Après la belle homélie de notre bon curé Fournier, madame Harvey m'a fait une superbe présentation. J'ai été invité à monter sur l'estrade, près de l'autel et des célébrants, et on m'a remis une magnifique plaque : "Hommage et reconnaissance à M. Gilles Kègle pour son grand dévouement auprès des malades du quartier. Société Saint-Jean-Baptiste, conseil Saint-Roch". Autrefois, j'aurais refusé cet honneur. Maintenant, j'accepte par amour pour Dieu et Sa plus grande gloire. Tout mon travail auprès des malades et des démunis dépend de la Trinité. Je n'ai pas à recevoir de gloire pour moi tout seul. Ces honneurs appartiennent aussi à ceux et celles que Dieu m'a confiés. En après-midi de la fête de la Saint-Jean, j'ai été présenté au maire de la ville de Québec, monsieur Lallier. Il a dit me connaître depuis longtemps par les médias. Belle rencontre chaleureuse. Par la suite, je me suis rendu chez une de mes malades qui m'attendait. »

De leur côté, le personnel et les bénévoles de l'Archipel d'Entraide lui préparent toute une fête pour le 11 août, date de son 52e anniversaire de naissance.

Ils désirent le remercier pour son travail. On évalue que, depuis qu'il est à Québec, Gilles a fait plus de cent mille visites à domicile. À cette époque, six cents personnes ont recours à ses services. Au programme de la soirée à laquelle participent près de cinq cents invités : souper, discours, remise de cadeaux, spectacle et soirée dansante.

Hélène Mathieu, l'animatrice, amorce ainsi la soirée : « Déroulons le tapis pour lui ce soir. Faisons mieux que pour Roch Voisine, Marcel Aubut, Roy Dupuis, Céline Dion. Il a écrit bien plus qu'un bouquin, il a chanté beaucoup plus qu'une chanson. Il a été plus qu'acteur, plus qu'auteur. Ses notes et ses mots à lui, ce sont ses gestes simples dans la cuisine de l'un, ce sont ses mains qui pansent les plaies de l'autre ou qui ferment les yeux pour toujours de celle-ci. Notre vedette numéro 1 ce soir, c'est Gilles ! ! ! Calcutta a sa mère Teresa, Paris a son abbé Pierre, Québec a son Gilles Kègle. »

Amis proches, collaborateurs, patients, tous sont au rendez-vous pour lui dire bien plus que des mercis. Pour lui faire savoir aussi à quel point il est apprécié et aimé. Ceux qui n'ont pu être présents lui ont fait parvenir un mot ou envoyé un télégramme, comme l'a fait l'archevêque de Québec, Maurice Couture : « [Je] souhaite longue vie à "l'infirmier de la rue". J'espère ne plus être archevêque de Québec lorsque sa cause de béatification sera introduite ! », écrit-il.

Gilles est profondément ému par ces témoignages d'amitié. Le journal *Le Soleil* du lendemain rapporte ainsi l'événement : « "Cette fête dépasse l'entendement, c'est le monde à l'envers ! Je suis le plus petit de vous tous… Je me sens comme un enfant", dit Gilles Kègle, tout ému, pas prétentieux pour deux sous et haut comme trois pommes ! »

Pour l'occasion, les organisateurs ont demandé à Gilles de rédiger un récit de sa vie qui a été photocopié et distribué aux participants. En introduction, un membre de l'organisme, Nicole, écrit :

« Sa présence est inestimable auprès des plus démunis de notre société. Il est toujours d'une grande disponibilité peu importe la problématique, peu importe la personne, peu importe l'heure. Pour nous à l'Archipel, il renforce l'idée que nous avons de l'entraide. Par sa seule présence au sein de l'équipe, il stimule nos pratiques. Gilles, c'est un pur. C'est un être qui accepte l'inacceptable, qui tolère l'intolérable. Il est la représentation parfaite de l'harmonie entre les valeurs et les actions. Son salaire, c'est cette lumière qui émane de lui. Gilles, c'est peut-être ce qu'on appelle "un ange". »

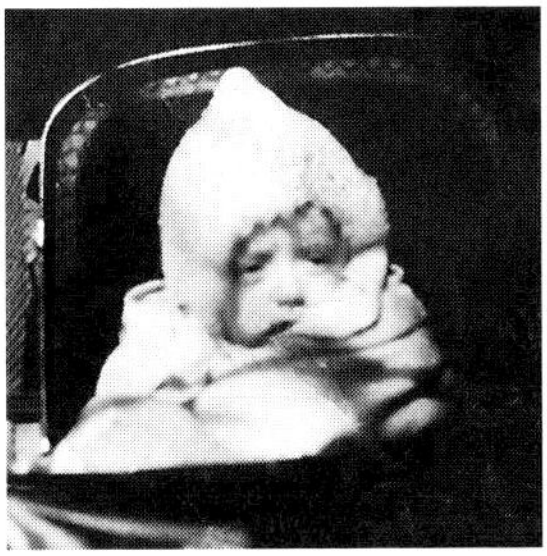

En haut, à gauche : *Gilles, poupon.* À droite : *Dans les bras de son grand-père Benjamin Pronovost, sur la galerie de la maison familiale.*

En bas, à gauche : *Dans les bras de sa grand-mère Pronovost, aux côtés de sa mère.* À droite : *La famille s'est agrandie. Devant, la seule fille, Nicole. De gauche à droite, Robert, Réal et Gilles.*

En haut : *Noël Kègle et Raymonde Pronovost, peu de temps avant leur mariage.*

Ci-contre : *Devant la maison de la rue Lavérendrye.*

En haut : *Les jeunes tantes Thérèse et Claudette posant avec les enfants.*

Ci-dessus : *Gilles, sept ans, dans la cour de la maison de la rue Notre-Dame.*

En haut, à gauche : *En premier communiant.* À droite : *Dans la cuisine de la rue McDougall. Les enfants en compagnie de leur mère, du grand-père Kègle et de sa deuxième femme.*

Ci-dessus : *Au salon, devant, Réal, Robert et Gilles ; derrière les parents, Nicole et Michel.*

En haut : *La maison de la rue Ramesay, construite par Noël Kègle, assisté de son fils.*

Ci-dessus : *Pierrot, dans les bras de Nicole, vient rejoindre les rangs des fils : Michel, Robert, Gilles et Réal.*

Ci-contre : *Gilles, la veille de son départ du monastère des pères du Saint-Sacrement.*

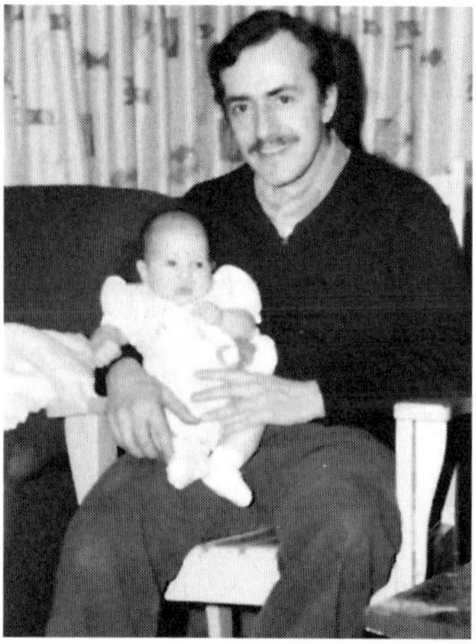

En haut, à gauche : *Dans sa « cambuse » de la rue Royale à Trois-Rivières, où il héberge des démunis, tenant dans ses bras le bébé d'une de ses protégées.* À droite : *À l'hôpital Cloutier où il travaille en plus de suivre le cours d'infirmier auxiliaire.*

Ci-dessus : *Julia Pronovost, arborant ses décorations, en compagnie du général Jean Allard, dans les locaux de la Légion canadienne.*

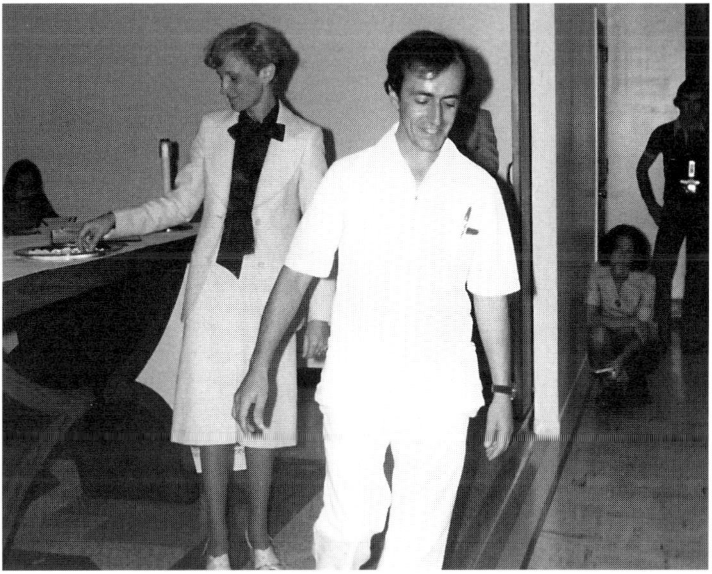

En haut, à gauche : *Photo prise au moment où Gilles entreprend ses études d'infirmier auxiliaire.* À droite : *Devant les chutes de Shawinigan, en communion avec la nature.*

Ci-dessus : *À la remise des diplômes des infirmiers auxiliaires.*

En haut : *Début janvier 1980, aux côtés de son amie Cécile.*

Ci-dessus, à gauche : *Gilles, dans son logement transformé en salle d'exercice pour les jeunes de Shawinigan.* À droite : *La fin de l'Hôtel Saint-Louis de Trois-Rivières.*

CHAPITRE III

Une jeunesse marquante

Dans ce récit, Gilles accepte de raconter son histoire, depuis l'enfance jusqu'à sa rencontre avec ses amis de l'Archipel. Il choisit de commencer son texte par une anecdote, celle du château de sable, qu'il a souvent racontée depuis.

Comme les enfants de sa paroisse, le petit garçon, alors âgé de neuf ans, fréquente, l'été, la piscine et le terrain de jeux du parc Pie-XII voisin. La petite chapelle adjacente est également un de ses lieux de prédilection. Il aime y prier et y contempler les statues de Dominique Savio et de Maria Goretti. Le premier, un jeune Italien, exemple d'une vie tout entière dédiée à la prière jusqu'à sa mort à l'âge de 14 ans, a été béatifié l'année précédente par le pape Pie XII. Ce dernier a également canonisé Maria Goretti, cette jeune fille morte à l'âge de 12 ans qui a pardonné à celui qui l'avait poignardée après avoir tenté de la violer. Ils sont les deux plus jeunes saints de l'Église catholique. Gilles s'efforce de les imiter dans leur dévotion hors du commun.

Un jour de juillet, Gilles participe à un concours de châteaux de sable. Enchanté par l'activité, il se met rapidement à l'ouvrage et passe toute la matinée à construire son chef-d'œuvre. Il refuse d'aller manger pour continuer à l'embellir. Au cours de l'après-midi, les membres du jury procèdent à la sélection des finalistes. Lorsqu'on demande à Gilles qui a construit le sien, un plus grand, âgé d'une douzaine d'années, se précipite et s'écrie : « C'est moi ! » Gilles, timide, ne proteste pas.

« J'ai couru à toute vitesse me réfugier à la chapelle du parc, écrit-il. Une fois à l'intérieur, j'ai éclaté en sanglots. Triste à en mourir, sans comprendre ce qui m'arrivait, j'ai longuement regardé l'autel et mon regard s'est dirigé vers les statues de Dominique Savio et de Maria Goretti. J'ai aussitôt senti une main amicale qui me pressait dans l'invisible. J'ai aussi entendu une voix intérieure. Je ne peux me souvenir exactement de ce que disait la voix, mais elle m'a fait comprendre que le vrai château était à l'intérieur de soi. Un château dont le seul juge était le Créateur de l'univers. À partir de ce moment, ma vie est devenue contemplative. Ma foi dépassait le matérialisme. Vers 16 heures ce même jour, j'assistai à la remise des prix. J'avais les larmes aux yeux lorsque j'ai vu le costaud recevoir le premier prix, mon premier prix. J'ai levé les yeux vers le ciel et j'ai dit à Dieu : “Je lui pardonne. Avec Ton aide, je me construirai un beau Château intérieur”. »

Cette anecdote illustre bien qui est l'enfant. Très fervent, il se complaît dans une pratique religieuse qui va bien au-delà de celle des autres enfants de son âge. La prière est un refuge pour ce petit garçon d'une sensibilité extrême qui se sent incompris, rejeté de tous. Qui porte même, depuis sa tendre enfance, la culpabilité de sa naissance.

Une naissance difficile

Né le 11 août 1942, Gilles est le premier enfant de Raymonde Pronovost et de Noël Kègle, premier petit-fils Pronovost et premier petit-fils Kègle. Raymonde et Noël se sont mariés l'année précédente et résident chez les parents de la jeune épouse, au 1887 de la rue Notre-Dame, à Trois-Rivières, en bordure du fleuve Saint-Laurent. Il n'y a rien d'étrange, à cette époque au Québec, à ce que des jeunes mariés habitent quelques années la demeure de leurs parents. Cela permet d'économiser les sous qui se font rares dans ces années difficiles de la Seconde Guerre mondiale.

De plus, Noël, qui était célibataire lors de l'adoption de la loi sur la mobilisation générale, est soumis à l'entraînement militaire. Et la grand-mère Pronovost est bien contente que Raymonde puisse continuer à tenir la maison et à s'occuper de ses cinq plus jeunes sœurs, elle qui préfère se consacrer, à l'extérieur de la maison, à ses activités de la Croix-Rouge et de la Légion canadienne.

La naissance du petit garçon est un événement pour toute la famille. Mais l'accouchement est difficile. Les longues heures de cris et de lamentations, dus aux fortes contractions et aux nausées, ont fait fuir toute la maisonnée. Les jeunes sœurs affolées ont été envoyées chez le voisin. Noël, lui, a préféré quitter les lieux, ne pouvant supporter l'attente. Heureusement que la grand-mère est là. C'est elle qui assiste sa fille entre les visites du médecin.

La santé du bébé est jugée fragile. Craignant qu'il soit condamné aux limbes, là où errent pour l'éternité les âmes de ceux qui meurent avant d'être baptisés, on s'empresse de le conduire à l'église. « On m'a raconté l'histoire de ma naissance et de mon baptême tellement souvent. C'est mon grand-père Éliodore Kègle et sa femme Cécile qui étaient mes parrains. Ils voulaient que je porte le nom de mon grand-père. Ma mère ne voulait rien savoir de ce nom-là. Elle a dû insister pour qu'on me donne celui qu'elle avait choisi. À peine né, après avoir causé tant de souffrances physiques à ma mère, j'étais l'objet d'une première chicane. Chaque fois qu'on me racontait cette histoire, je me sentais coupable. »

Dans les réunions de famille, les oncles et les tantes se plaisent à répéter souvent ces anecdotes, ajoutant à la chronique les paroles du curé : « Cet enfant ne sera pas comme les autres et il aura une grande mission à remplir. » On compare aussi son comportement avec celui des bébés de l'entourage. « On me disait à quel point j'étais un enfant sage, que je ne pleurais jamais, que j'étais très éveillé à tout ce qui se passait aux alentours et que je m'amusais tout seul ».

Un enfant sage et éveillé qui cause cependant un profond émoi dans sa famille et le quartier lorsqu'il disparaît pendant quelques heures, trois jours après son troisième anniversaire de naissance. Peut-être avait-il voulu rejoindre sa grand-mère dans sa tournée de la ville ? C'est finalement elle qui le retrouve se promenant dans une rue voisine. Cet épisode de la « fugue » de Gilles fait aussi partie des souvenirs des familles Kègle et Pronovost, souvent évoqués.

Entre 1942 et 1947 naissent Réal, Robert, la seule fille Nicole et Michel. Entre-temps, la guerre a pris fin. Noël est retourné à son métier de ferblantier à l'usine de pâtes et papier St-Lawrence Paper Mills, devenue aujourd'hui Kruger. Il y travaille aux côtés de nombreux voisins de la paroisse. Le grand-père Kègle y est contremaître. Un bon métier que celui de ferblantier, mais qui n'est pas très bien rémunéré. Toutefois, la famille a acquis suffisamment d'aisance pour quitter la demeure des Pronovost et emménager dans la rue Lavérendrye voisine. Un logement exigu où les quatre petits garçons partagent la même chambre tandis que la petite fille couche dans celle des parents.

Au début des années 1950, les Kègle, avec leurs cinq enfants, sont à l'image de la majorité des habitants du quartier : des ouvriers qui travaillent fort. Ils ne roulent pas sur l'or mais la famille ne manque de rien. La parenté est toute proche, si ce n'est dans le même logement, souvent dans la même maison ou encore à quelques coins de rue. On se rend visite les dimanches après la messe, on discute, on joue aux cartes. On en profite pour commenter les allées et venues des uns et des autres, les qualités et — la plupart du temps — les défauts d'une voisine ou d'un cousin. C'est le règne du « as-tu vu untel ? », du « savais-tu que ? »

Peut-être est-ce une telle rumeur parvenue aux oreilles de Raymonde qui lui fait croire que son mari n'a pas une conduite irréprochable. Pour en savoir plus, elle oblige son aîné à accompagner Noël dans ses déplacements. Son plus vieux auquel elle confie déjà des responsabilités comme celle de garder, à l'occasion, ses jeunes frères ou d'aller à la banque changer le chèque de paie du père. « J'avais sept ans. Ma mère avait décidé que je devais chaperonner mon père dans ses sorties en dehors de son travail. Tous les samedis, je l'accompagnais au grand marché de la ville. Quand il avait terminé ses achats, il me demandait de l'attendre dans l'auto pendant qu'il allait boire à l'Hôtel Saint-Louis. Il me faisait promettre de ne rien dire à ma mère. Chaque fois, au retour, il y avait des disputes. Ma mère me questionnait, mais je ne disais rien. J'avais promis. »

Une surveillance qui durera plusieurs années et qui empêche le petit Gilles d'accompagner sa grand-mère dans sa tournée de Trois-Rivières. Et qui place chaque fois l'enfant devant un dilemme angoissant. Il ne veut trahir la confiance ni de sa mère, ni de son père, alors qu'il est témoin de leurs querelles. « À un moment donné, c'est deux ou trois fois par mois que ça se produisait. Mon père et ma mère criaient. Moi aussi je me mettais à crier. Là, mon père, en plus d'engueuler ma mère, se mettait à m'engueuler. J'avais une sensibilité très grande. Si on parlait devant moi de quelqu'un qui avait été menacé, d'un enfant qui avait été battu, je le ressentais comme si c'était à moi que ça arrivait. D'ailleurs, je suis encore comme ça aujourd'hui. Je me sentais responsable de tout. C'est comme si j'amplifiais tout ce qui arrivait. Ce qui fait que je me renfermais dans ma chambre. Et je ne parlais plus à mes parents. » Sa chambre où il se retire pour prier ou pour contempler des images saintes qu'il conserve dans une boîte de métal.

Tout petit, Gilles a découvert, en accompagnant sa grand-mère, les vertus de la charité et du dévouement, l'essentiel de la vie chrétienne que sont l'amour de Dieu et du prochain. Ce sont ses jeunes tantes maternelles qui l'initient aux rites de l'Église. « Je me revois dans la cuisine de la rue Notre-Dame avec mes tantes Thérèse et Claudette. J'avais à peine trois ans lorsqu'elles m'ont appris à prier. Combien de fois elles ont dû me faire reprendre le signe de la croix avant que je réussisse à le faire comme il le faut ! Je me revois, les mains jointes, les yeux fermés, dire et répéter : "Jésus, je T'aime". On m'avait appris que Jésus était dans mon cœur. » C'est d'ailleurs en leur compagnie que l'enfant fréquente la petite chapelle du parc Pie-XII, parc où elles sont monitrices du terrain de jeux, et le sanctuaire de Notre-Dame-du-Cap, le plus important lieu de pèlerinages dédié à la Vierge Marie au Canada.

Il est donc déjà en territoire connu quand il fait son entrée à l'école, à l'automne 1948. « Je me rappelle qu'il fallait se mettre à genoux pour prier. Ensuite, on s'assoyait et on commençait la classe. Et, pour finir, on se remettait à genoux. » Il garde toutefois un souvenir amer de cette première journée. « J'avais tellement envie que j'ai fait pipi dans mes culottes. J'ai attendu que tout le monde soit sorti de la classe avant de me lever. J'étais tout mouillé. J'ai fait un détour pour revenir à la maison pour que personne ne me voie. » Un épisode humiliant pour l'enfant qui souffre d'incontinence urinaire nocturne, un dysfonctionnement qui le suivra jusqu'au début de l'âge adulte. Ses frères le surnomment d'ailleurs « pisse-au-lit », sobriquet qu'ils répètent devant les amis et voisins.

Ses frères qui, eux, ne réagissent pas comme Gilles à la situation familiale tendue. « Ils n'avaient pas la même sensibilité que moi. Eux, ils s'en foutaient, ils jouaient à leurs jeux de cowboy, au baseball ou au hockey. Moi, j'étais un hypersensible et je contrôlais mal mes émotions. J'essayais de faire mon petit gars comme tous les autres petits gars, d'aller jouer dehors, d'aller faire du sport comme les autres. Mais mes frères acceptaient rarement que je partage leurs jeux. » Alors, le petit garçon se résigne à jouer avec les filles, à la corde à danser ou à la marelle et, l'hiver, à patiner avec elles.

L'ami d'enfance

En 1950, la famille déménagera à nouveau, cette fois rue McDougall, toujours dans la même paroisse Saint-Philippe. C'est là que Gilles rencontre celui qui va devenir son meilleur ami. « À côté de chez nous, il y avait un enfant qui s'appelait Pierre. Il vivait dans une famille très cultivée. J'allais souvent chez eux. Ses parents m'avaient presque adopté. Pierre jouait à la messe. Il avait une espèce d'autel fait avec une caisse d'oranges où il faisait comme s'il était un prêtre. » Un enfant différent qui paraît efféminé. Un peu comme l'Ovide de *La Famille Plouffe,* d'abord une série à la radio, ensuite un téléroman, qui fait les délices de toutes les familles québécoises. Ovide, un intellectuel plus féru d'opéra que de baseball. Les frères de Gilles surnomment Pierre « le fifi». Et, quand ils veulent faire enrager leur grand frère, ils lui attribuent le même qualificatif.

Avec cet ami, Gilles découvre un univers qui répond à ses aspirations. Ils lisent et ils écoutent de la musique, des loisirs où prédominent l'intériorité et l'émotion sur la rudesse et la rivalité. Les deux garçons créent des petites pièces de théâtre mettant en scène les personnages de contes de fées comme le Chat botté et le Petit Chaperon rouge. Les enfants du voisinage sont conviés à y assister dans un hangar de la cour arrière. « On montait tout notre spectacle, on faisait les décors, on se costumait. Pierre s'habillait en femme, on allait fouiller dans les vêtements de sa sœur. Le prix d'entrée, c'était un clou que je remettais à mon père ! »

Des petites séances devant une douzaine de spectateurs. Gilles se souvient de n'avoir vu ni ses parents ni ses frères et sa sœur assister à ces représentations.

Parfois, Gilles présente un numéro différent. Il marche en équilibre sur la clôture séparant leur cour de celle de la propriété voisine et fait toutes sortes de pirouettes. Un jour, téméraire, il entreprend de se surpasser. Se servant d'un parapluie comme parachute, il s'élance du second étage de la maison, pour ce qu'il a appelé « le saut de la mort ». Le parapluie lui échappe des mains. Il se retrouve sur le dos, mais indemne, devant les enfants stupéfaits.

Mais, la plupart du temps, les deux jeunes garçons se retrouvent devant leurs autels improvisés à regarder des images saintes et à se raconter l'histoire de leurs saints modèles, comme Dominique Savio et Maria Goretti. Ou encore celle des enfants de Fatima qui ont vu la Vierge leur apparaître, histoire dont a été tiré un film. « Un samedi soir, on nous avait permis à Pierre et moi d'aller le voir. J'ai été tellement impressionné. J'étais devenu moi-même un des trois enfants, François, avec Jacinthe et Lucie, le témoin des apparitions de la Vierge. À un point tel qu'après le film, quand je me mettais à prier et que je levais les yeux au ciel, j'avais l'impression que la Sainte Vierge m'apparaissait. »

C'est avec Pierre aussi qu'il court à la gare de Trois-Rivières pour apercevoir Paul-Émile Léger, qui vient d'être nommé cardinal par le pape Pie XII. « On a réussi à être près de lui. On l'a vu tout habillé en rouge. Ça m'impressionnait beaucoup. Pour moi, c'était presque un dieu que j'avais devant moi. J'avais besoin d'entrer en contact avec tout ce qui dépassait l'ordinaire, le naturel. » Les jeunes frères de Gilles, eux, se seraient précipités ainsi pour apercevoir leur idole, Maurice Richard.

C'est aussi avec son ami Pierre qu'il se rend régulièrement au sanctuaire. Dans le récit de sa vie, il décrit ainsi une de ces visites à ses amis de l'Archipel : « J'étais au sanctuaire Notre-Dame-du-Cap avec Pierre. Celui-ci était allé aux toilettes. Lorsqu'il est revenu, je lui ai raconté ce que je venais de voir devant le monastère des pères oblats. J'ai vu un pape. Je le voyais parfois de loin et parfois de très près. Il me regardait sans cesse. Des fois son regard était loin et des fois il était proche. Il me bénissait. J'ai dit à mon compagnon que ce pape que j'avais vu n'était pas le pape du temps, Pie XII. Je lui ai aussi dit : "Un jour, le pape va venir ici." J'étais certain de ce que je disais. Je me souviens très bien que Pierre m'a dit : "C'est impossible, le pape ne sort jamais de Rome." C'était ainsi dans le temps. » Il demande également à son ami si le cardinal Mindszenty — un primat de l'Église de Hongrie emprisonné par le régime communiste pour lequel prient tous les catholiques — pourrait devenir pape. Une autre impossibilité puisque, par tradition, les papes sont alors toujours de nationalité italienne. « Je n'ai jamais oublié cette vision, écrit-il encore. C'est aussi clair dans ma tête qu'il y a quarante ans. Trente ans après cette vision, le pape Jean-Paul II, un Polonais, était à l'endroit même où je l'avais vu. » En septembre 1984, le Sanctuaire sera, en effet, l'un des lieux de pèlerinage visités par Jean-Paul II au cours de son voyage au Canada.

Privé d'affection

Souvent invité chez Pierre, Gilles prend conscience de l'immense écart entre leurs situations familiales. Il constate à quel point son ami est aimé et chéri par ses parents. « Un jour, Pierre est opéré pour les amygdales. Quand il revient à la maison, sa mère m'a permis d'aller le voir. Il reçoit de l'affection comme j'en avais jamais vu. Sa mère lui flatte les cheveux, son père aussi. On lui apporte de la crème glacée, du jell-o. Il est l'objet de tellement d'attentions. Moi aussi, j'en veux de l'affection. Alors je pense à mon affaire. Pas longtemps après, j'arrive chez nous, je me plains que j'ai mal, très mal à la gorge. Le docteur vient m'examiner et dit que je dois être opéré pour les amygdales. En réalité, je n'avais pas mal, mais je voulais être soigné pour obtenir de l'affection. On m'a opéré. Quand je suis revenu à la maison, je me suis couché dans le lit de ma mère plutôt que dans le mien. Comme l'avait dit le médecin, ma mère m'a apporté de la crème glacée et du jell-o. Mais je n'ai pas eu d'affection. » Quelle déception !

L'enfant se sent à l'écart, isolé du reste de la famille. « Je me souviens que mon père et ma mère embrassaient mes frères et ma sœur. Mon père prenait mes frères dans ses bras. Moi, jamais. Il se chamaillait avec eux, des petites batailles pour le plaisir. Avec moi, jamais. Un jour, je me suis jeté dans le tas pour que mon père me prenne dans ses bras comme les autres, il m'a rejeté. Une seule fois, il a voulu m'embrasser. C'était au jour de l'An, il avait bu. Je l'ai repoussé. » Gilles se demande pourquoi il est ainsi exclu des jeux et de l'affection de sa famille. Il ne trouve qu'une seule réponse : c'est qu'il a été conçu pour éviter que son père n'aille à la guerre. Ses parents ne l'ont jamais désiré, ni aimé.

Il trouve confirmation de son idée dans les dires de sa mère. « Des dizaines et des dizaines de fois, je l'ai entendue dire à tout le monde que j'étais chétif. Pour moi, ça voulait dire que j'étais tout croche, que j'avais des mauvaises intentions. C'est vrai que je faisais des coups pendables sans le vouloir. » Ainsi, Gilles se souvient d'avoir oublié sa sœur attachée à un poteau, une fois qu'il jouait au cowboy. Bien sûr, c'était lui qui avait le rôle du méchant. Ou encore d'avoir mis le feu, sous la galerie, pour faire une expérience. Des étourderies de petit garçon. Les jouets des frères et de la sœur font aussi, à l'occasion, l'objet de petites vengeances puériles : briser une poupée ou un camion, par jalousie, pour se faire remarquer, pour attirer l'attention.

L'attention, il finissait par l'obtenir, mais ce n'était pas celle qu'il désirait : « Va dans le coin, jusqu'à ce que ton père arrive ! » lui ordonnait sa mère. Gilles ressasse ses remords en attendant la correction qu'il juge d'ailleurs méritée. Des heures passées à genoux dans le coin de la cuisine en préambule aux coups de baguette et aux fessées en vigueur à l'époque.

De plus en plus renfermé sur lui-même et abattu, Gilles commence à afficher de mauvais résultats scolaires. Distrait, plongé dans ses pensées, il n'arrive pas à suivre les leçons du professeur. Ce dernier lui lance brosse et craies pour attirer son attention, sans l'obtenir véritablement. Après une première et une deuxième année réussies, Gilles doit reprendre la troisième. « C'est là qu'a commencé le désespoir de mes parents. Mes frères réussissaient à l'école, pas moi. Mon père a commencé à me dire que je n'arriverais à rien de bon dans la vie. Ce n'était pas parce que je ne suis pas intelligent. J'adorais l'histoire, la géographie, les biographies des saints. Je me souviens d'avoir lu plein de livres à cet âge-là. Mais je n'arrivais pas à me concentrer à l'école. »

Quand l'enfant se passionne pour un sujet, il peut pourtant réussir haut la main. Comme cette composition sur la vie du pape Pie XII pour laquelle il obtient la meilleure note de sa classe et un prix de rédaction. Les meilleurs auteurs liront leur œuvre devant toute l'école réunie. Alors qu'il s'apprête à réciter son texte à voix haute devant les professeurs, Gilles est tout à coup incapable de prononcer un mot. Il est trop gêné. « Le frère m'a ramené dans ma classe. Il a demandé à celui qui avait eu la deuxième meilleure composition de prendre ma place. C'est lui qui a eu le prix. J'étais tellement humilié. » Une raison supplémentaire pour s'isoler et adopter un comportement différent de celui des autres enfants.

Gilles ne conserve pas de souvenir de sa première communion et à peine de sa confirmation. Deux événements pourtant importants puisqu'ils marquent l'entrée officielle dans l'Église catholique et qu'ils sont, à l'époque, l'occasion de grandes fêtes de famille. Il se souvient plutôt d'avoir suivi son père, à son insu, à la retraite paroissiale des hommes.

« Je suis arrivé à l'église par la grande porte et je me suis aperçu qu'il y avait des centaines d'hommes. J'étais regardé comme un intrus parce que je n'avais pas l'âge d'être là. Je suis quand même resté assez longtemps pour entendre cette phrase du prédicateur : “Si vous faites le chemin de la Croix tous les jours, vous serez sauvé. Vous êtes assuré de ne pas aller en enfer.” Je n'avais pas besoin d'en entendre plus. Dès le lendemain, aussitôt sorti de l'école, j'allais faire mon chemin de la Croix. Quand j'ai vu un vieillard le faire les bras en croix, j'ai fait la même chose. Dès cet âge, je vivais tous les jours la Passion du Christ. Je m'imprégnais des souffrances qu'il a endurées pour nous. Tellement concentré sur chaque station que j'en arrivais à revivre ces événements au point que j'en avais les larmes aux yeux. »

Si Gilles ressort exalté de la retraite des hommes, sa mère, elle, revient en larmes de celle des femmes. Le religieux qui en est responsable a déclaré que celles qui « empêchent la famille » commettent un péché grave. Et il y a déjà plusieurs années qu'un enfant n'a pas vu le jour dans la famille. Au début des années 1950, un tel blâme devient un commandement pour des fervents catholiques comme les Kègle. Quelques mois plus tard, Raymonde attend son sixième enfant.

Gilles se souvient très bien de sa fatigue et de ses nausées. « Tout ce que ma mère vivait, je le vivais. Je le revivais à l'intérieur de moi. Je vivais la même chose qu'elle. Et peut-être même pire, je pense. J'avais pitié d'elle. Je m'enfermais dans ma chambre et je priais devant l'autel que je m'étais fabriqué. Je demandais à Dieu d'avoir pitié de ma mère et de l'aider. »

Comme il se souvient des événements entourant la naissance de Pierrot qu'il a ainsi relatés, plusieurs années plus tard, dans son journal intime : « Je me préparais à partir pour l'école. Ma mère me fit descendre dans sa chambre. Elle avait des contractions. Contrairement aux autres enfants dont elle avait accouché, cette fois-ci elle devait se rendre à l'hôpital. Elle me confia alors le soin de mes jeunes frères et sœur. J'ai aussitôt ressenti qu'elle venait de me confier une grande responsabilité. À peine une heure plus tard, j'avais un nouveau petit frère. Pendant l'hospitalisation de ma mère, mon père buvait davantage. Une de ces nuits, j'ai été réveillé par des bruits. Je suis allé voir dans la chambre de mes parents. Mon père était étendu sur le plancher. Il écoutait ce qui se passait au premier étage. Il ne me voyait pas. Il s'est mis à frapper et à crier. Il accusait la dame [une veuve, tante de Gilles] de coucher avec un pensionnaire. Il a ensuite soulevé une cuvette pleine de linge qu'il a laissée tomber sur le plancher. Ma sœur et mon plus jeune frère pleuraient. Je suis allé les consoler. Le lendemain midi, nous recevions la visite de la police. Le pensionnaire du premier avait porté plainte. Il accusait mon père d'être un homme dangereux, disait qu'il possédait une arme à feu, ce qui était faux. Mes frères pleuraient et ma petite sœur criait. Elle suppliait les policiers de ne pas emmener notre père en prison. J'étais le seul à ne pas pleurer. Plutôt, je les consolais et je les rassurais. Ma mère m'en avait donné la responsabilité. »

Quand il va rendre visite à sa mère à l'hôpital, Gilles ne parle pas de ces événements. Il est tout entier émerveillé par le bébé qu'elle tient dans ses bras. « C'était Pierrot. Pierrot qui entrait dans ma vie. C'est comme si mon cœur s'ouvrait. Toute l'affection que j'avais à donner, que je ne recevais pas, je l'ai donnée à mon petit frère. Je l'avais toujours dans les bras. Je lui ai donné le biberon, je l'ai changé de couche. Quand j'arrivais de l'école, j'allais tout de suite le chercher pour le bercer. » Lorsque le bébé fait ses premiers pas, Gilles est aussi là pour l'empêcher de se faire mal. Quand il est assez grand pour le suivre, il l'emmène avec lui au sanctuaire de Notre-Dame-du-Cap.

Une nouvelle maison

L'arrivée d'un nouvel enfant rendra l'appartement encore plus exigu pour la famille. Gilles se souvient du découragement de sa mère, alors enceinte, qui se voit refuser un logement parce que la famille est trop nombreuse. Heureux hasard, le père de Gilles est l'heureux gagnant d'un prix de 1 200 $ lors d'un tirage, en mai 1952. Une somme très importante pour l'époque qui lui permet d'entreprendre la construction d'une maison pour sa famille. Avec l'aide de deux engagés, il la bâtit rue de Ramesay, dans la paroisse Sainte-Marguerite, aux confins de la ville.

L'aide de Gilles, qui assiste déjà son père dans des petits travaux de ferblanterie — un atelier a été aménagé dans l'un des hangars de la cour —, est à nouveau requise. Ce qui aurait pu être une belle occasion de resserrer les liens entre le père et le fils ne sera finalement qu'une autre occasion pour Gilles de se sentir rejeté.

« Moi, je travaillais souvent à la construction. Comme ça n'allait pas tellement bien dans mes études, ça ne dérangeait pas mon père que je manque l'école. Mes frères, eux, ils venaient de temps en temps, surtout les fins de semaine. Souvent, ils arrivaient avec des amis qui venaient aider aussi à la construction. Mon père était toujours content de les voir. Il leur caressait les cheveux. Parfois, même, il les embrassait. Ça me faisait mal de voir qu'il leur donnait de l'affection alors que moi je n'en avais jamais eu de ma vie. »

Une nouvelle maison, un nouveau quartier, cela veut aussi dire un nouvel environnement à découvrir. C'est au cours d'une de ces randonnées d'exploration que Gilles retrouve un enfant égaré. « Je me promenais et tout à coup j'ai entendu des pleurs. Je ne savais pas trop d'où ils venaient. En prêtant attention, j'ai vu un tout petit enfant dans le champ, dans l'herbe très haute. J'ai couru jusqu'à lui. Quand je l'ai pris dans mes bras, il a arrêté de pleurer. Là, je me suis mis à chercher ses parents. Comme il était tout petit, je me disais qu'il devait habiter dans une des maisons proches du champ. Mais personne ne le connaissait. Une femme, à qui j'ai raconté mon histoire, a appelé son frère, un policier, qui lui a dit que tout le monde cherchait un enfant de la rue Normand qui avait disparu. J'ai ramené l'enfant à ses parents. »

Gilles s'attend à être accueilli en héros. Mais la réalité le détrompe. « Les parents m'ont pris l'enfant des bras et sont vite rentrés dans leur maison. Ils ne sont même pas venus me dire merci. Ils ne m'ont pas demandé où je l'avais trouvé. Rien. Avec tout ça, j'étais en retard pour le dîner. Ma mère n'a rien voulu savoir de mes explications. Elle m'a puni pour mon retard, en me privant de repas. » Encore une fois, l'enfant se sent incompris et rejeté.

C'est à son chat, Grigri, que Gilles confie sa peine. Un petit animal qu'il a réclamé à ses parents et qu'il garde auprès de lui dans sa chambre. « Un jour, je ne me souviens pas pourquoi, à cause du poil ou à cause des griffes peut-être, ma mère a décidé qu'il fallait qu'on s'en débarrasse. C'est un de mes frères et son ami qui l'ont emmené dans le bois pour le tuer avec une carabine. Quand mon frère est revenu à la maison, je l'ai entendu raconter à ma mère qu'il l'avait atteint d'une balle mais que mon chat, blessé, s'était enfui. Je suis parti en courant pour le chercher mais je ne l'ai jamais retrouvé. »

En pleurant Grigri, l'enfant se souvient de la fin tout aussi dramatique d'un autre petit chat, son Minou qu'il adorait. « C'est quand on restait sur la rue McDougal — j'avais sept ou huit ans — que j'avais Minou. C'était mon grand ami. Là non plus je ne me souviens pas pourquoi mes parents ont décidé de s'en débarrasser. Cette fois-là, ils sont allés l'abandonner à la campagne. Pour me rassurer, ils m'ont dit qu'il réussirait à se débrouiller, qu'il se nourrirait de petits animaux. Une semaine plus tard, alors qu'on était en train de dîner, ma mère a entendu miauler. C'était mon chat qui était revenu. Il était tellement maigre. Moi, j'étais heureux de l'avoir retrouvé, mon chat. » Mais les parents n'ont pas changé d'idée. Un soir, le père de Gilles repart avec le chat sous le bras, l'emmenant au poste de police où il y a un dispositif permettant d'euthanasier des animaux en raccordant le tuyau d'échappement d'une voiture à une boîte isolée. Monsieur Kègle devra s'y prendre à deux fois pour réussir à tuer Minou. C'est du moins ce que Gilles l'entend raconter à sa mère. Horrifié, l'enfant ne comprend pas pourquoi des adultes peuvent faire preuve d'aussi peu de sensibilité envers les animaux, ni de compréhension envers la détresse de leur fils.

Heureusement qu'il y a les amis. Pierre, qu'il voit de moins en moins à cause de l'éloignement, et Jean, un petit voisin avec lequel Gilles s'entend bien. Jean est un premier de classe que Gilles décrit ainsi : « Il était différent des autres enfants, avec un style classique et il était très cultivé. » C'est avec lui qu'il partage une aventure qui le marquera pour la vie. C'est la seconde anecdote qu'il relate dans le récit qu'il destine à ses amis de l'Archipel.

« Été 1954. J'allais bientôt avoir 12 ans. J'accompagnais un ami, dans les champs, derrière chez mes parents. Mon ami avait une carabine à plombs. Il s'était longuement amusé à tirer ici et là. J'avais refusé de me servir de sa carabine : j'étais contre les armes. Au-dessus de nous, sur un fil, il y avait de jolies hirondelles de sable. Près de chez moi, il y en avait des milliers qui venaient chaque année habiter dans de hautes buttes de sable. Elles étaient mes amies. Si jamais quelqu'un avait voulu faire du mal à un seul de ces oiseaux, je lui aurais sauté dessus. Mon ami Jean, malicieux, m'a tendu sa carabine et m'a dit : "Tu n'as pas le cœur de tirer sur ces hirondelles. Juste pour leur faire peur." Blessé dans mon orgueil, j'ai pris l'arme et j'ai regardé dans la mire. J'étais certain de ne pas en toucher une. J'ai tiré… Ma vue est devenue embrouillée et j'ai entendu mon compagnon me dire : "Tu l'as eue !" J'ai aperçu aussitôt le jeune oiseau qui se débattait à quelques pas de nous. Je suis devenu triste à en mourir. J'ai crié : "Pourquoi j'ai fait ça ?" J'ai pris l'hirondelle dans ma main droite que j'ai placée près de mon cœur, espérant qu'elle ne mourrait pas. Chez moi, dans le sous-sol, je lui ai fait un petit nid près duquel j'avais placé du pain, des céréales et de l'eau. Je voyais de l'inquiétude dans son regard. Ma mère m'a demandé de monter pour souper. Je n'avais vraiment pas faim. J'avais l'appétit coupé. J'ai laissé mon repas et suis retourné près de mon amie blessée. Je n'oublierai jamais, de toute ma vie, ce regard faible et triste. L'oiseau ne cessait de me regarder. Mon innocente victime avait des petits yeux sans malice. Puis, ce fut la fin. Entre mes mains criminelles, je tenais une hirondelle, mon amie, morte à cause de mon orgueil. Peiné, lâche et honteux, j'ai pressé l'oiseau contre mon cœur et j'ai éclaté en sanglots. Puis, les yeux mouillés, j'ai regardé mon amie et je lui ai dit : "Venge-toi, venge-toi, fais-moi mal..." J'ai transporté l'hirondelle à l'extérieur, j'ai placé son corps dans la belle boîte en métal dans laquelle je plaçais mes plus belles images. Je me suis rendu au fond de la cour et j'ai enterré mon amie au milieu des fleurs. J'ai demandé pardon au bon Dieu. J'ai fait une prière pour tous les oiseaux du monde. Songeur et souffrant de culpabilité, je me suis senti tout à coup déconnecté de la vie. »

La terrible vengeance de l'hirondelle

Cette vengeance de l'hirondelle qu'il appelle sur sa tête, c'est lors d'une visite au sanctuaire Notre-Dame-du-Cap que Gilles la subira. Un soir d'automne, il fait du pouce pour rentrer à la maison. Il a utilisé la somme destinée à son billet d'autobus pour s'acheter une statuette. L'homme qui le fait monter dans sa voiture l'emmène plutôt à un motel de la rue Royale et le viole. « Cet homme m'a vraiment détruit. Physiquement, il m'a fait mal. Ç'a été épouvantable. Tout ce que je voyais de lui, c'étaient ses mains. Il avait des mains énormes. Quand il a eu joui, il est allé aux toilettes en me disant qu'il allait me reconduire à la maison. Moi, je me suis enfui. J'étais sûr qu'il voulait me tuer. Derrière le motel, il y avait des champs. Je me suis caché dans les broussailles. Je l'ai vu partir à toute vitesse en auto. J'ai couru à travers les champs jusqu'à la maison. Quand je suis arrivé chez nous, j'ai vu par la fenêtre que tout le monde était en train de manger. Ma mère était habituée à ce que je ne sois pas là pour le souper. Souvent j'allais à l'église, à la messe de cinq heures, après l'école. Alors je me suis caché dans un trou, sous la galerie, en attendant qu'ils aient fini. Quand je suis entré dans la maison, je suis allé directement dans ma chambre. Ma mère a dû se rendre compte qu'il s'était passé quelque chose mais je n'ai pas voulu parler. »

Épouvanté, blessé dans sa chair comme dans son esprit, honteux, l'enfant ne révèle à personne ce qui lui est arrivé. Ni à sa mère, ni à son père, auxquels il ne parle plus. Il n'est plus capable de les regarder dans les yeux. Il ne dit rien au curé, lors de la confession hebdomadaire, parce qu'il est convaincu d'avoir commis un péché grave. Mais il repense continuellement à cette agression. « Je suis entré dans une espèce de brume. J'étais pensif, songeur. Pas longtemps après le viol, j'aidais mon père à plier une grande feuille de métal. Il fallait que je soulève une barre de la plieuse. J'étais dans la lune. Mon père s'est fâché. La barre est arrivée entre mes deux jambes. Mon père s'est vite défâché quand il a vu que j'étais à terre, incapable de respirer. Il a voulu baisser mon pantalon pour voir où j'avais mal. Moi, je pensais à celui qui m'avait violé. Je n'ai jamais voulu le laisser regarder. »

En plus, il se croit pourchassé par le violeur. En passant dans la rue Royale, il pense avoir reconnu sa voiture. Un autre jour, entendant courir derrière lui, le garçon est pris de panique. Ce ne sont pourtant que deux hommes qui se hâtent pour rejoindre l'autobus. Il s'arme d'un couteau qui ne le quittera pas pendant de nombreux mois. À l'école, il devient encore plus distrait, incapable de se concentrer sur la matière enseignée. Ses résultats scolaires sont désastreux. Ce qui vient confirmer, évidemment, qu'il n'est qu'un bon à rien. De plus, chaque nouvel épisode de dispute entre ses parents l'accable davantage. Il mange à peine. Sa santé en est affectée. Il maigrit, souffre de spasmes et de palpitations. « Des fois, je pensais en crever. C'est à ce moment-là que j'ai commencé à avoir des hallucinations. Mes nerfs étaient vraiment attaqués. Déjà que ma sensibilité était très grande et que je tombais souvent en extase. »

En plus, pour expier ce qu'il estime être une faute qu'il a commise, l'enfant s'inflige des châtiments. Il s'oblige à dormir sous son lit. Il se pince la peau avec les doigts, se frappe la tête sur les murs ou avec les poings, se flagelle. Avec du fil de fer, il se fabrique des cilices, des instruments de mortification, qu'il porte sous son chandail. Il se terre, comme une taupe, dans un trou sous la galerie et y passe de longues heures à pleurer et à prier. Un camarade d'école lui a parlé du padre Pio, un Italien qui porte les stigmates du Christ : des blessures sanglantes sur les mains, les pieds, le front et le dos, semblables à celles du Christ crucifié. « Il m'avait expliqué que le prêtre souffrait énormément, comme le Christ en croix. Moi, je voulais expier mes péchés et tous les péchés du monde. Alors j'ai demandé au bon Dieu qu'il me donne les stigmates, comme au padre Pio. »

Même s'il recourt à des pratiques religieuses extrêmes, l'enfant trouve toujours dans la prière son principal réconfort. Au cours d'une promenade au centre-ville de Trois-Rivières, ses pas le conduisent devant le monastère des carmélites. Il reconnaît l'endroit parce que, plus jeune, en compagnie de son ami Pierre, il allait régulièrement y porter des colis de nourriture préparés par sa mère. Il raconte ainsi cette expérience d'extase. « À l'extérieur, il y avait une grande croix avec l'image du Christ. Je suis resté figé devant le crucifix. Je n'étais plus dans le monde extérieur. Le Christ semblait se détacher de la croix. Mon corps et mon esprit étaient centrés sur cette vision. Je ressentais un grand bien-être. Puis au fond de moi, j'ai entendu une voix qui m'incitait à entrer dans l'église. Une fois à l'intérieur, j'ai admiré la beauté des décors qui m'environnaient. Je ressentais toujours le même bien-être qu'à l'extérieur devant le crucifix. Je me suis mis à prier. J'ai pensé à mes parents qui se disputaient et j'ai pleuré.

J'avais encore les larmes aux yeux lorsqu'une religieuse est entrée par une porte de côté. Elle était vêtue comme sainte Thérèse de l'Enfant-Jésus. Elle m'a regardé et est venue vers moi. Elle m'a réconforté et m'a dit : "Ici, au Carmel, les sœurs carmélites vont prier pour toi tous les jours." »

Après cette rencontre, il se rend souvent à la chapelle du Carmel, pour prier et aussi pour se confier aux sœurs tourières, les portières, seules religieuses de cette communauté cloîtrée ayant des contacts avec l'extérieur. Des sœurs qui l'accompagneront, comme promis, toute sa vie et avec lesquelles il correspond encore aujourd'hui.

Mais les heures de désespoir l'emportent sur les moments de réconfort. Désespéré après une autre dispute familiale, Gilles prend un câble et se rend dans le champ voisin. « J'ai fait un nœud coulant comme j'avais appris à le faire lorsque j'étais louveteau. Je l'ai installé à une branche d'arbre et je me suis passé le nœud autour du cou. J'allais grimper à l'arbre lorsque j'ai vu ma mère au loin. Elle venait de sortir sur la galerie avec sa brassée de lavage à étendre sur la corde à linge. J'ai eu pitié de ma mère, celle que j'aimais le plus au monde. J'ai mis fin à ma folie plutôt qu'à ma vie. J'ai regardé vers le ciel et j'ai remarqué que j'étais près de l'endroit où j'avais tiré sur mon amie l'hirondelle. J'ai aussitôt eu le sentiment que mon amie m'avait pardonné. »

CHAPITRE IV

Trouver la paix de l'âme

À 15 ans, Gilles est un enfant brisé par la vie. Agressé sexuellement, il se sent coupable d'un péché mortel. Fils aîné d'une famille qui vit dans la jalousie et les disputes, il se croit responsable de ces tensions. De plus, il ne réussit pas à l'école, ce qui justifie, à ses yeux, le qualificatif de bon à rien que son père ne cesse de lui lancer à la figure.

« Quand j'étais en 7e année, là c'était vraiment le désespoir pour mes parents. Il fallait que je redouble encore. Quand ils sont allés chercher mon bulletin à l'école, le frère de l'Instruction chrétienne leur a dit : "Gilles a des difficultés, mais il pourrait faire un très bon frère. Il pourrait étudier au juvénat et rendre de très grands services." Je me souviens que mon père est revenu à la maison fâché, très fâché. Moi, j'étais couché mais je l'ai entendu dire à ma mère : "Il n'est pas question qu'il entre là. Je n'ai pas l'intention qu'il devienne homosexuel." Pour mon père, être prêtre, c'était correct. Mais il avait un préjugé. Pour lui, être frère, c'était être homosexuel. Parce que les frères vivaient toujours ensemble, ils ne sortaient jamais… »

Que faire de lui ? À l'époque, l'école se terminait après

la 9e année. Par la suite, les adolescents se dirigeaient vers le marché du travail. Les plus chanceux — ceux dont les parents, plus fortunés, pouvaient en assumer les frais — suivaient une formation professionnelle pour terminer leur 10e et 11e années de scolarité. Les plus avantagés étaient inscrits au cours classique, les longues études qui les menaient vers les professions libérales ou l'habit religieux.

C'est d'une tante que viendra la solution. Son fils étudie dans une école privée, le Tourigny Up-to-date School. Une école où Gilles pourra suivre le « cours commercial ». Un enseignement qui, à l'époque, fournit au jeune élève tout ce qu'il faut pour se frayer un chemin dans le commerce. Français et anglais de base, arithmétique, tenue de livres sont au programme. C'est la perspective d'assurer un avenir à leur fils qui incite les parents Kègle à engager cette dépense supplémentaire. « C'était une école bien reconnue, explique Gilles. Mais ça coûtait vingt piastres par mois. C'était quand même beaucoup d'argent dans ce temps-là. Mon père, au moulin à papier, faisait des bons salaires. Il pouvait se le permettre. »

Dans cette école, l'enseignement se fait en petites classes d'une dizaine d'étudiants. Certains sont au début du cours, d'autres termineront bientôt. Pendant que le professeur enseigne aux deux ou trois jeunes d'un même niveau, les autres élèves font des exercices qu'il corrigera avec eux plus tard. Dans ce contexte, Gilles apprend vite. Et monsieur Tourigny lui redonne confiance en lui. « Il a vu que j'étais très intelligent. Il ne comprenait pas pourquoi j'avais eu tant d'échecs. Pour m'aider, il m'a offert de suivre des cours avec lui, le soir, des cours d'anglais. Pour moi, c'était comme si tout ce que je n'avais pas compris avant me venait d'un seul coup. J'étais capable de tout avaler, de tout enregistrer. » Entre 1957 et 1960, avec ce professeur, Gilles réussit à terminer sa 9e année et acquiert une formation de base en commerce.

Pendant ces trois ans, la vie de la maisonnée continue avec

son lot de querelles et de tensions. Gilles, quand il n'est pas à l'école ou en compagnie de son ami Jean, s'isole dans sa chambre et se réfugie dans la prière. Il n'y a que son petit frère, Pierrot, pour le faire sortir de sa tanière. Un jour qu'il s'amuse avec lui, le ton monte. Pierrot se met à pousser des petits cris. « À un moment donné, ma mère n'en peut plus. Elle m'a dit : "Lâche-le donc, maudit fifi!" Pour moi, ç'a été épouvantable. Elle a répété ce que mes frères me disaient et qui m'avait toujours démoli. C'est à ce moment-là que j'ai décidé d'aller m'enfermer quelque part. »

C'est en feuilletant son exemplaire de la Bible que Gilles déniche le lieu de sa retraite. À la fin du volume, il trouve une liste de toutes les communautés religieuses du Québec. « Je vois la Congrégation des pères du Saint-Sacrement et c'est marqué : frère coadjuteur, frère convers. Ce n'était pas nécessaire d'avoir fait des hautes études pour y être reçu. Je leur ai écrit une lettre expliquant que je voulais entrer chez eux. Je voulais aller là pour me renfermer. J'avais une vie spirituelle tellement intense que je me disais que je serais bien dans un cloître. J'espérais que, malgré les échecs que j'avais connus, on me laisserait faire des études et que je pourrais devenir prêtre missionnaire. »

Leur réponse, il l'aura quelques semaines plus tard. « Un soir, j'étais dans la cuisine quand on a frappé à la porte. Ma mère est allée ouvrir. C'était un père qui lui a révélé que je leur avais écrit. Ç'a été tout un bouleversement dans ma famille. J'ai dit à mes parents que je voulais être tout seul avec lui. On a été dans le salon. Et là je lui ai raconté qui j'étais, ce que je voulais faire. Lui, il m'a décrit le monastère, m'a expliqué ce que ça voulait dire être frère convers, être cloîtré. Je lui ai répondu que c'était ça que je voulais. Il m'a dit qu'il reviendrait me chercher plus tard pour passer quelques jours au monastère à Québec pour vérifier si c'était bien ça que je voulais. Après son départ, mes parents m'ont posé des questions pour voir si j'étais vraiment décidé. Ils m'ont demandé pourquoi je voulais m'en aller.

Je leur ai dit que c'était pour être tranquille. Ils m'ont laissé y aller. Probablement qu'ils se sont dit que ça ne marcherait pas. Mais ça a marché. »

Monsieur Tourigny, son professeur, mis au courant du projet de son élève, insiste pour accélérer les cours. Si, un jour, Gilles décide de quitter le monastère, il aura au moins une formation qui lui permettra de trouver un bon travail. Ils ont un peu de temps devant eux. Gilles aura 18 ans dans quelques mois, l'âge qui a été fixé pour son admission au monastère. « Ce professeur, il croyait vraiment en moi. Je n'ai pas eu le temps de tout finir le cours. Je pense que j'avais terminé la 10e année. Mais il me l'a donné quand même, mon diplôme. »

Frère Noël

Septembre 1960, le jour du départ est arrivé. Gilles a tout préparé. Il s'est acheté une valise qu'il a remplie de ses effets. Il s'est aussi procuré, à l'insu de ses parents, son billet de train. Mais ces derniers en décident autrement. Ce sont eux qui iront le conduire à Québec. Stoïque, Gilles quitte la maison paternelle. Il a un dernier regard pour Pierrot. « Mon petit frère. Je pouvais quitter tout le monde, mon père, ma mère, mes frères, mais pas lui. C'était déchirant. Je m'en allais me renfermer dans un monastère sans savoir ce qui allait lui arriver. »

Le voyage se fait en silence. À leur arrivée au monastère, un père vient immédiatement chercher Gilles pour le conduire à sa cellule. « On m'a raconté que mes parents ont demandé quand j'allais redescendre. Mais je les avais quittés comme ça. Il n'y a pas eu de salut, rien. Il paraît que ma mère a pleuré tout le temps du retour à Trois-Rivières. »

C'est au 1330 du chemin Sainte-Foy, à Québec, que commence la nouvelle vie de Gilles. Ou plutôt du frère Noël. Il aurait préféré Pascal, en l'honneur de Pâques, mais la communauté compte déjà parmi ses membres un frère qui porte ce nom. L'obliger à porter le prénom de son père, voilà probablement une de ces vexations qu'il fallait imposer au jeune novice pour l'amener à accepter l'ensemble de la règle.

« C'était sévère. Être cloîtré, ça voulait dire qu'on ne pouvait pas sortir du monastère. Ou, si on le faisait, c'était toujours en groupe et en gardant les yeux baissés. Il fallait vivre dans une très grande modestie. Et, là-bas, c'était aussi le silence. Presque toujours le silence. C'était aussi beaucoup de prières. » Dans cette communauté, le saint-sacrement est l'objet d'une adoration perpétuelle. Chaque membre de la communauté accomplit, de jour comme de nuit, son heure de contemplation devant l'autel.

Au sein du monastère, deux classes de jeunes côtoient les pères : les scolastiques qui font des études pour devenir prêtres et les convers qui sont au service de l'ensemble de la communauté. La tâche du frère Noël sera de laver la vaisselle. Il aurait aimé être sacristain pour être plus près de la prière, de l'autel. Mais il se plie sans protester aux décisions du maître des novices. Six mois plus tard, il sera promu aide-cuisinier. Le 19 mars 1961, il commencera à porter la soutane.

Gilles accepte facilement la règle et la vie de la communauté. Elle lui apporte la paix. « J'ai vécu heureux au monastère. Je n'avais pas de trouble avec ma famille. Je me sentais en sécurité. J'avais moins d'hallucinations. Même que mes problèmes d'incontinence urinaire ont cessé. Je me sentais plus équilibré. J'ose dire aujourd'hui que, si je n'étais pas allé chez les pères du Saint-Sacrement, je me serais suicidé. Même si monsieur Tourigny m'avait poussé dans mes études, je ne pense pas que j'aurais été capable d'entrer sur le marché du travail. J'étais trop déséquilibré. »

La vie d'un novice n'est pas faite que d'obéissance à la règle. Il y a aussi des moments de détente. L'été, les jeunes vont passer un mois de vacances au camp du lac Sept-Îles. Puisque Gilles sait faire la cuisine, il y passera tout l'été. « Là, j'étais tellement heureux. Moi qui aimais la solitude, me promener, dans la forêt et nager. J'étais un très bon nageur. Je pouvais traverser le lac. »

Son premier maître des novices, le père Bélanger, se souvient d'un Gilles espiègle. « Avant de partir se promener en canot, on se protégeait la peau avec de l'huile pour ne pas être brûlés par le soleil dans nos costumes de bain. Gilles nous a dit qu'il connaissait une bonne recette. Mais ce n'était pas une recette bien efficace. J'ai été tellement brûlé que je ne pouvais pas faire ma génuflexion. Je l'ai taquiné avec ça. Je lui disais : "Tu voulais ma peau, tu l'as eue en partie !" »

Une initiative pas très heureuse, pas plus que celle d'aller se baigner seul, quand tout le monde fait la sieste après le repas du midi. Quand une crampe l'empêche de nager, il réussit à attirer l'attention de deux pères qui ont choisi de prendre leur repos sur le débarcadère. Le novice est sauvé *in extremis.* C'est au cours d'une excursion avec d'autres frères à la chute de la rivière du Nord, toujours au même camp de vacances, que Gilles risque à nouveau la noyade. « Pour aller au pied de la chute, il fallait traverser la rivière, mais le courant était très rapide. Alors on a fait la chaîne. J'étais placé au centre, aux côtés de plus costauds. Au milieu de la rivière, le courant était tellement fort que je n'étais plus capable de garder les pieds dans l'eau. La chaîne ne pouvait plus avancer. Les autres n'avaient pas le choix. Ils m'ont lâché et se sont vite redonné la main. Le courant m'a emporté. Heureusement, j'ai pu m'accrocher à un arbre qui était tombé dans l'eau, sinon j'aurais été entraîné dans la chute. »

Gilles sauvé de la noyade par la Providence, encore une fois, comme au cours de cet autre épisode qu'il vit, enfant, à la piscine du parc Pie-XII, tandis qu'il s'amuse à sauter dans l'eau profonde. Le garçon, qui ne sait alors pas nager, se retrouve au fond de la piscine et n'arrive pas à remonter à la surface. « C'est encore nettement marqué dans ma tête. Je me revois étouffer, avaler de l'eau. Je voyais les autres enfants autour de moi qui ne se rendaient compte de rien. Je sentais que j'allais mourir. Je me suis vu dans ma tombe, avec ma famille autour de moi qui pleurait. »

La vie au monastère se partage entre les tâches domestiques et de longs moments consacrés à la prière et à l'étude de l'Ancien et du Nouveau Testament. Les heures d'adoration du saint-sacrement permettent à Gilles d'être plongé entièrement dans sa foi et d'avoir une vie spirituelle intense. Une foi remplie de certitudes qui calme ses anxiétés et ses tourments. Le père Bélanger n'hésite pas à dire que Gilles était un « modèle de prière, animé d'un feu intérieur extraordinaire ».

Le jeune frère utilise ses rares moments de repos à lire des biographies des saints. La bibliothèque réservée aux frères convers n'est pas suffisamment garnie pour assouvir sa soif de lecture. Il ose transgresser la règle pour aller s'alimenter dans celle des scolastiques. C'est ainsi qu'il fait connaissance avec la vie d'Edith Stein, une juive allemande convertie au catholicisme, devenue carmélite. Elle fut exterminée avec un groupe de femmes et d'enfants au camp d'Auschwitz. Gilles s'identifie à cette sainte femme. Elle, morte en Europe le 9 août 1942, et lui qui naît, pour ainsi dire le lendemain, le 11. Ne serait-il pas son prolongement, ne doit-il pas poursuivre sa mission ?

Si, à son entrée au monastère, il continue encore à s'infliger des châtiments corporels, le père Bélanger l'incite à cesser cette pratique. « Quand les novices avaient la bonne idée de s'en ouvrir à moi, je les dissuadais de le faire. J'essayais de leur faire comprendre, parce que Gilles n'était pas le seul concerné, de ne pas ajouter aux difficultés de la vie avec les mortifications. Je leur disais : accomplissez avec modestie vos tâches qui ne sont déjà pas reluisantes, faites-le avec persévérance, c'est suffisant. »

L'appartenance à la communauté le soulage d'un autre fardeau. Avant de prononcer ses premiers vœux, le novice doit faire une retraite. Cette année-là, c'est un Sulpicien de Montréal qui la dirige. Au terme d'une semaine de prêches, de réflexions et de prières, Gilles doit se plier à l'exigence de la confession générale.

Se sentant en confiance auprès de ce prêtre, il lui avoue le viol qu'il a subi. C'est la première fois qu'il en parle. « C'était incroyable. Je pouvais tout lui dire. Quand je lui ai raconté ce qui s'était passé, il s'est mis à pleurer et m'a pris dans ses bras. Il m'a dit que je n'avais jamais commis de péché grave de ma vie. Ça m'a tellement fait de bien. Ça m'a libéré. »

C'est le 19 mars 1963 qu'il prononcera ses vœux de pauvreté, de chasteté et d'obéissance, après deux ans et demi de noviciat. Sa famille assiste à la cérémonie. Quelques semaines plus tard, Gilles recevra une lettre de sa sœur Nicole : « Je t'écris pour te dire comment nous avons aimé ça le 19 de mars. Nous avons trouvé ça très beau dans l'église. Tu sais, je n'avais jamais assisté à de si belles cérémonies. » Elle lui envoie de temps à autre des nouvelles de la famille. Cette même année, pour son anniversaire, elle lui offrira, puisqu'elle n'a pas beaucoup d'argent, « un bouquet spirituel : deux messes, deux communions, un sacrifice et deux rosaires ». Dans une autre lettre, pour son frère aide-cuisinier, elle transcrit la recette familiale de rosbif. Toutefois, c'est le père de Gilles qui entretient la correspondance la plus suivie.

« C'étaient des lettres de sentiment qui dépassaient l'entendement. Il me disait qu'il était fier de moi, qu'il comptait sur moi pour les prières. Il me parlait de mes frères. De Pierrot surtout. Il savait l'attachement que j'avais pour lui. Ce n'étaient pas des sentiments que j'avais connus de lui. Je pense que je n'y croyais pas. Je mettais ses lettres de côté, ça ne me touchait pas du tout. Je ne croyais pas que mon père, qui ne m'avait jamais pris dans ses bras, qui ne m'avait jamais embrassé, pouvait avoir des sentiments comme ceux-là pour moi. »

Si la correspondance est régulière, les rencontres, elles, sont rares. Le jeune novice a droit à une visite par mois. L'hiver, l'état déplorable des routes empêche la famille de se déplacer. Toutefois, cet éloignement ne pèse pas tellement lourd dans le cœur de Gilles. Si la fête de Noël lui rappelle sa famille, c'est surtout de la tristesse qu'il ressent en pensant à ses frères qui doivent endurer l'ivresse du père. Le petit réveillon de la communauté, après la messe de minuit, chasse vite ces idées noires.

La règle lui sera plus difficile à accepter lors du décès de son grand-père Kègle, en 1961. « Même si je n'avais pas le même attachement que pour mes grands-parents Pronovost, c'était quand même mon grand-père. Il y avait un lien familial. Quand mon père a appelé au monastère pour m'annoncer la nouvelle, j'ai demandé la permission d'assister aux funérailles. On me l'a refusée. On ne pouvait y aller qu'à la mort du père, de la mère ou des frères et sœurs. Ça m'a fait quelque chose sur le coup, mais après, ça s'est passé. »

Questionnements

Cet isolement de la famille est un sacrifice qui ne lui coûte pas trop. Bien moins que celui, qu'on lui impose dès son entrée au monastère, de se débarrasser de ce à quoi il tient le plus dans ses effets personnels. Gilles décide de déchirer son journal intime. Bien moins aussi que l'obligation de s'éloigner de son nouvel ami, Jean-Paul, arrivé au monastère au même moment que lui.

« On était quatre à être entrés en même temps. Les scolastiques, eux, étaient une vingtaine. Tout de suite, je me suis fait un ami. On discutait de nos lectures, de choses religieuses. On avait les mêmes idées, la même façon de penser. Lui, il m'a raconté tout son passé. Moi, je l'écoutais. C'était vraiment un frère pour moi. J'avais besoin d'un frère. De quelqu'un d'identique à moi, qui avait les mêmes idées, les mêmes pensées. On se plaisait à faire les mêmes choses et on était toujours ensemble. Même qu'on se rencontrait dans ma chambre pendant les heures de repos, ce qui n'était pas permis. À un moment donné, le père qui s'occupait de nous s'en est rendu compte. Il a eu peur que notre amitié ait une tendance sexuelle. Ce n'était pas ça, mais c'est ce que le père craignait. Il nous a interdit de nous voir en privé. On a continué de le faire et on a été surpris. Après ça, Jean-Paul a quitté le monastère. Moi, je me sentais coupable de son départ. Je me disais que c'était de ma faute. »

Pour le père Bélanger, Gilles était un « garçon timide, très réservé, même refoulé. On voyait qu'il avait un gros problème. Au monastère, c'était un enfant docile. Un enfant généreux dans son dévouement pour l'Église. Mais un enfant qui se cherchait. »

Après quatre années passées au monastère, le novice continue à réfléchir à sa vocation. Il a abandonné son rêve d'être prêtre. Ses supérieurs lui ont fait comprendre que sa santé ne lui permettrait jamais d'assumer cette tâche. Non plus que de devenir missionnaire. « Ils m'ont dit que j'étais trop fragile. Que j'avais des problèmes avec mes nerfs, que j'étais toujours au bord de la dépression. C'est vrai que j'étais très nerveux. Vraiment très nerveux. Il y a un père — il était psychologue — qui m'a fait remarquer que je ne regardais jamais les gens dans les yeux. Que mon regard était toujours fuyant. Moi, j'étais malheureux. J'ai commencé à penser à m'en aller. Que je pourrais peut-être devenir missionnaire dans mon milieu. Alors ils m'ont confié une nouvelle tâche. »

Gilles est transféré au nouveau campus Saint-Augustin de Cap-Rouge, où vient d'être construit l'Intercommunautaire, un regroupement des séminaires de plusieurs communautés religieuses. Pendant un an, il s'occupe du bâtiment des pères du Saint-Sacrement. « Je passais la moppe, je faisais de l'entretien, je faisais aussi de la comptabilité. Rapidement, il y a des jeunes qui sont venus me parler. Je ne sais pas pourquoi je les attirais comme ça. Ils me contaient leurs problèmes, ils se confiaient à moi. À l'occasion, je fumais une cigarette avec eux. »

Même si son nouveau travail lui plaît, il n'apaise pas tous ses tourments. Pourquoi y a-t-il une séparation entre les frères convers et les pères ? Pourquoi ne mange-t-on pas à la même table que les scolastiques ? Pourquoi ceux qui deviennent prêtres ne sont-ils pas cloîtrés ? Et le saint-sacrement, qu'il passe des heures à adorer, est-ce vraiment plus qu'un simple morceau de pain ?

Avec les jeunes, il découvre un autre monde. Celui où l'on prend une bière, où l'on danse avec les filles. Un soir, il décide de fuguer. « Je me suis habillé en civil et je suis sorti par une porte de côté. Je me suis rendu au Théâtre Capitol, sur la rue Saint-Jean. On y présentait des films osés pour l'époque. Je suis revenu avec des sentiments de culpabilité. Mais c'était aussi le signe que j'étais devenu différent. »

Gilles décide de quitter le monastère, de retourner dans le monde extérieur. Il s'adresse au supérieur de la congrégation et lui explique qu'il a décidé d'être missionnaire dans son milieu, à Trois-Rivières. Par retour du courrier, il reçoit une lettre confirmant qu'il est relevé de ses vœux. L'ancien novice quitte le monastère le 19 mars 1966, trois ans, jour pour jour, après avoir prononcé ses premiers vœux. Ses confrères, eux, prononcent leurs vœux perpétuels.

« C'était une décision sage, commente le père Bélanger. Il a été d'une grande honnêteté. Il aurait pu rester et profiter de la sécurité de la communauté. Il a été très courageux de décider de partir. »

CHAPITRE V

La vocation

À 24 ans, Gilles retourne donc chez ses parents. Sa priorité : se trouver un emploi. C'est avec le diplôme de monsieur Tourigny en poche qu'il sollicite un poste de commis comptable à la parfumerie Saint-Arnaud. Il en avait vu l'annonce dans *Le Nouvelliste,* le journal de Trois-Rivières. Quelques jours plus tard, il rencontre le patron. Un homme très religieux, pour qui la candidature de Gilles est presque providentielle. Convaincu qu'il saura tenir le rôle que jouait sa sœur qui vient de décéder, il embauche immédiatement le jeune homme.

La rapidité avec laquelle Gilles s'est trouvé un emploi comble d'aise monsieur Kègle. Déjà heureux de la décision de son fils de quitter le monastère, il est fier qu'il soit finalement devenu autre chose qu'un bon à rien. Raymonde, elle, est contente de le revoir à la maison. Mais la cohabitation ne durera pas longtemps. « Je pensais que tout allait bien maintenant chez mes parents. J'avais oublié, presque oublié, leurs habitudes de se chicaner. Mes frères, occupés à leurs affaires, étaient indifférents à ma présence. Il n'y avait que Pierrot qui aurait pu me retenir mais lui aussi avait ses activités. » Deux mois après son retour à Trois-Rivières, Gilles emménage rue Royale, tout à côté de la parfumerie.

Au sortir du monastère, il est, à bien des égards, encore un enfant. C'est ce dont des amis, anciens collègues de l'école Tourigny, se rendent compte lorsqu'il les rencontre par hasard. Ils décident de l'« initier à la vie ».

Gilles décrit ainsi la scène. « On m'avait donné rendez-vous à l'Hôtel Saint-Louis, sur la rue des Forges. C'était la première fois de ma vie que j'entrais dans une taverne et que je consommais de la bière. De là, nous sommes allés au quai du fleuve, face à la terrasse Turcotte. C'est là que leur camionnette était garée. Ils ont ouvert la porte arrière et ils m'ont retenu les bras. Ils riaient, j'ai aussitôt compris que j'étais dans un piège. L'un d'eux m'a dit : "Tu vas connaître ce que tu as manqué depuis cinq ans." J'ai aussitôt remarqué deux filles à moitié nues à l'intérieur. J'ai commencé à me débattre et ils m'ont fait entrer de force dans la voiture. Pendant qu'on me retenait, les deux filles ont commencé à me déshabiller et à me caresser. Je me suis mis à crier très fort tout en me tortillant. Ils ont eu peur que mes cris soient entendus et ils ont ouvert la porte. Je suis sorti de la camionnette à moitié habillé et j'ai couru à toute vitesse sous la terrasse Turcotte. »

Tremblant, effrayé et en larmes, Gilles ne comprend pas ce qui lui est arrivé. Il se tapit dans le premier coin sombre qu'il trouve. Pendant qu'il recouvre tranquillement ses esprits, il se rend compte qu'il n'est pas seul. Le dessous de la terrasse Turcotte, c'est le refuge des sans-abri, des clochards, des robineux. Loin des regards des autres, dans ce gîte dont l'entrée est dissimulée par des arbustes, ils viennent se reposer. « Tout à coup, j'ai eu très peur en apercevant, à quelques pas de moi, un homme très laid, les yeux à moitié fermés, avec de la bave qui descendait jusque dans sa barbe. Il était soûl. J'ai continué à marcher et un autre homme était allongé, endormi à côté d'une bouteille d'alcool. Et, tout au long de la terrasse, il y avait d'autres miséreux, sales, ivres, dans un état presque comateux. Pour qu'ils ne m'aperçoivent pas, je m'étais caché derrière des piliers pour les regarder. »

Ébranlé par les événements des dernières heures, Gilles rentre chez lui. Allongé sur son lit, il se met à prier. Les visages des hommes qu'il vient de surprendre le hantent. C'est alors que lui apparaît ce que doit être sa « vraie vocation » : travailleur de rue auprès des misérables, des pauvres, des personnes seules et abandonnées, des personnes âgées en perte d'autonomie, des alcooliques, des drogués, des personnes rejetées par la société.

La nouvelle famille

Dès le lendemain, Gilles retourne sous la terrasse. Il apporte de la nourriture et des pansements. Dorénavant, chaque jour, dès qu'il aura un moment libre, il retrouvera ceux qui ont besoin d'aide. À leur contact, il apprend à voir où se cache la misère dans la ville. Il découvre d'autres abris sous les ponts et approche ceux qui s'y blottissent. C'est dans les parcs qu'il entre en contact avec des personnes âgées, seules, abandonnées de leurs proches. Désireux d'être utile de toutes les façons possibles, il offre également ses services à un centre de bénévolat. Répondant à leur demande, il fait le ménage chez l'un, les courses de l'autre.

Les heures passent vite. Entre le travail, les sans-abri, les personnes âgées et le bénévolat, Gilles a peu de temps pour se torturer l'esprit à propos de ce que pensent de lui les membres de sa famille. Quand il leur parle de ce qu'il accomplit, ils lui manifestent leur désaccord. Lorsqu'ils apprennent que Gilles apporte de la nourriture aux démunis et qu'il paie de sa poche les pansements, ils se disent qu'il ne pourra pas tenir longtemps à ce rythme-là. Mais, surtout, ils sont extrêmement mal à l'aise du fait que Gilles s'affiche en compagnie des miséreux. Les rencontres, qui sont déjà tendues, s'espacent de plus en plus. Après tout, sa vraie famille, ce ne sont pas ses père, mère, sœur et frères. C'est maintenant ceux qui sont seuls, rejetés, ceux qui ont besoin de lui.

La certitude d'être l'instrument de la volonté de Dieu, le soutien de ses amies les carmélites, auxquelles il a rendu visite dès son retour à Trois-Rivières, la force puisée dans la prière constante et l'union avec la Trinité font passer au second plan les récriminations familiales.

Son patron s'inquiète aussi : « Tu brûles la chandelle par les deux bouts. Tu ne tiendras pas longtemps », lui dit-il. Mais l'employé continue à se dévouer pour ses protégés. Quand le propriétaire de l'immeuble qu'il habite lui offre d'en devenir le concierge, il accepte avec empressement. Un supplément de revenu sera le bienvenu. Lorsque l'appartement du sous-sol devient libre, il pense immédiatement à ses sans-abri. Quatre ou cinq d'entre eux pourraient y loger sous sa supervision. Monsieur Voisard, le propriétaire, sensible à la compassion du jeune homme, accepte sa proposition. Gilles offre donc ses services de concierge en échange de la location de l'appartement.

Il accueille ainsi, dans sa « cambuse » — c'est le nom que donnent les sans-abri au lieu —, ceux qui lui semblent prêts à renouer avec la société. « Avant d'amener quelqu'un chez nous, il fallait que je le connaisse bien. Il ne fallait pas que ce soit quelqu'un qui pouvait faire des crises dans l'appartement. C'est ce que j'ai fait avec Serge. Un gars qui me paraissait brillant. Je ne comprenais pas pourquoi il couchait dehors, ni pourquoi il mélangeait de l'eau de Javel à son coke. Je l'ai étudié pendant une semaine. Je lui donnais des rendez-vous à tel endroit, à telle heure. Quand j'ai vu que je pouvais lui faire confiance, je l'ai invité à venir coucher à la maison. »

Après quelques jours, Serge commence à se transformer. Il donne un coup de main pour l'entretien de l'appartement. Il rase même sa grosse barbe qui lui mangeait presque tout le visage. Un soir, il ne revient pas coucher. Cela n'alarme pas

Gilles. Ses pensionnaires sont libres d'aller et de venir à leur guise. Ils n'ont pas de comptes à lui rendre. Mais quand plusieurs jours passent sans qu'il donne de nouvelles, Gilles s'inquiète : « Je pensais souvent à lui dans la journée. Je me demandais ce qu'il était devenu. Je n'avais pas trop compris son histoire. Il disait qu'il était venu à Trois-Rivières en auto. Une auto qu'il avait *scrappée*. Finalement, un soir, il est revenu à l'appartement. On a commencé à parler. Puis, tout à coup, il s'est mis à pleurer. Après, il a téléphoné à ses parents. Il leur a appris où il était. Après avoir raccroché le téléphone, il m'a tout raconté. Que pendant la semaine où il avait disparu de chez nous, la mémoire lui était revenue. Il était parti de chez lui parce que sa femme l'avait quitté avec leurs enfants. Il avait perdu la tête — c'était un cas de schizophrénie. S'il buvait de l'eau de Javel, c'est parce qu'il pensait qu'il avait la syphilis et que ça le guérirait. Quand ses parents sont venus le chercher, ils m'ont remercié. Ils m'ont dit que je lui avais sauvé la vie. »

Serge n'est qu'une des centaines de personnes que Gilles aidera à Trois-Rivières en une dizaine d'années. Parmi ses protégés, il y a aussi des femmes. L'une d'entre elles lui amène son enfant à garder quand elle sort dans les bars. « Elle arrivait avec le bébé, le sac de couches, le lait, puis elle s'en allait. Elle venait le rechercher dans la soirée. C'est déjà arrivé que je couche le bébé avec moi, dans mon lit, parce qu'elle n'est venue le reprendre que le lendemain matin. »

Des malheureux que Gilles repère dans sa tournée, ainsi que des gens que lui envoient les fonctionnaires du bureau des Affaires sociales de la ville qui connaissent l'existence du refuge. La collaboration est même officialisée dans une lettre circulaire de leur chef d'unité intitulée « Une bonne ressource à connaître » : « Monsieur Gilles Kègle demeurant au 1154, Royale, app. 14, et travaillant à la parfumerie Saint-Arnaud peut héberger *gratuitement* chez lui, pour une courte période, des personnes qui ont besoin d'un toit et d'un couvert. Vous pouvez rejoindre monsieur Kègle en téléphonant à la parfumerie. » Le renseignement est fourni entre autres à des nouveaux venus à Trois-Rivières avant qu'ils reçoivent leur premier chèque de paie ou leur allocation de l'aide sociale.

L'oreille de l'Hôtel Saint-Louis

Un autre lieu où Gilles recrute des pensionnaires, c'est l'Hôtel Saint-Louis. Il va de temps en temps prendre un verre à la brasserie du premier étage. Comme bien des buveurs solitaires, il se confie au barman. « Quand je lui ai dit que je voulais être missionnaire dans mon milieu, Yves m'a répondu : "Regarde ici, il y a des gens qui vivent des divorces, d'autres qui ont perdu leur femme, des gens seuls qui viennent boire. Ils parlent tout seuls. Ils sont en train de devenir alcooliques. Ils auraient besoin d'être écoutés." Il m'a convaincu que je pourrais leur rendre à eux aussi de grands services. »

De fil en aiguille, Gilles devient un client assidu de la brasserie. Chaque semaine, les jeudi, vendredi et samedi, il prête l'oreille à ceux qui ont besoin de s'épancher. D'autres occasions de se sentir utile, apprécié, de combler le manque d'affection qu'il ressent depuis son enfance. Rapidement, il est connu de tous ceux qui fréquentent l'établissement.

Peu de temps après, Yves est transféré au bar dansant du deuxième étage. Un soir, le barman fait appeler Gilles. Il lui présente un homme, un gai, qui a des idées suicidaires. Son compagnon vient de le quitter. « Pour la première fois de ma vie, je vois des hommes s'embrasser, danser ensemble. Je suis mal à l'aise. Mais il y a quelqu'un là qui a besoin de moi. Alors je l'ai écouté. » Ce soir-là, Gilles fait connaissance avec le côté plus sombre de l'hôtel. Il constate que des centaines de personnes y passent la soirée et une partie de la nuit. À boire, à se droguer, à s'émoustiller en regardant les danseurs ou les danseuses nues, selon qu'ils fréquentent le bar gai ou le bar *straight.* Et les chambres louées à l'heure sont juste à l'étage au-dessus.

Après cette soirée marquante, il modifie son horaire. À la fermeture de la brasserie, Gilles monte finir la veillée au deuxième. Si les discussions avec les uns sont plutôt anodines, à l'occasion le cas est vraiment sérieux. « Un soir, un gars que je connaissais déjà vient me parler. Il y avait des gens qui l'attendaient dehors pour lui casser les jambes s'il n'avait pas l'argent qu'il leur devait. C'était peut-être 150 piastres. Ça ne paraît pas beaucoup d'argent mais en 1967 ça équivalait à 400 ou 500 piastres de maintenant. J'ai dit au serveur : "Écoute. Tu vas m'installer une table là-bas, où les gens des deux bars vont pouvoir me regarder. Je vais danser nu. Tu fais la collecte." Moi qui ai une morale stricte. Moi qui avais fait vœu de chasteté. Qui ne connaissais rien à la sexualité. Je me suis mis à danser nu. On a collecté suffisamment d'argent pour sauver le gars. »

En douze ans d'écoute, Gilles en verra de toutes les couleurs à l'Hôtel Saint-Louis : des drogues de toutes sortes, des tables renversées, des bagarres, des armes, des tentatives de suicide, des menaces de mort. À force de soutenir les uns comme les autres, il se fait de nombreux amis. « Dans ces endroits, j'étais aimé. Je n'avais pas d'ennemi. Tout le monde me respectait. Homme ou femme, on m'embrassait souvent, amicalement, rien de plus. Il y avait de ces soirs où je m'amusais vraiment. Il n'y avait pas toujours que des problèmes à écouter ou à résoudre. J'en profitais pour danser et me déhancher comme un fou. »

Gilles, après tout, n'a que 24 ans quand il entame cette nouvelle vie entièrement vouée aux misérables. Comme les autres jeunes, il aime la musique. Celle d'Elvis Presley le fait danser, tout comme celle des Beatles. Au monastère, il a fait connaissance avec les chansons de Brel et de Léveillée. Et il n'a pas oublié ces vieux amis, Beethoven, Haydn et Mozart qu'il a appris à apprécier chez les parents de ses copains Pierre et Jean.

Il s'est aussi acheté une voiture peu de temps après avoir

commencé à travailler à la parfumerie. Pour ce faire, il a dû s'endetter. « Ce n'est pas grave, lui dit la collègue qui lui apprend à conduire, tout le monde fait ça ! » Un véhicule qui lui permet, certains soirs, de raccompagner à leur domicile des buveurs de l'hôtel. Gilles Kègle, « Opération nez rouge » avant l'heure. Il s'en sert aussi pour se rendre régulièrement à l'Exposition universelle de Montréal de 1967. Quelquefois avec une secrétaire dont il est tombé amoureux, Denise — une relation qui sera rompue quand il la trouvera au lit avec un autre homme. La plupart du temps seul, parce que, là aussi, il a découvert des gens qui ont besoin d'aide.

« J'ai vu tellement d'itinérants. Je n'en avais jamais vu autant dans un seul endroit. Des gens qui fouillaient dans les poubelles sur la rue Sainte-Catherine. Des gens qui avaient des problèmes psychiatriques, qui parlaient tout seuls, dans la rue, dans les parcs. À Trois-Rivières, il y avait peut-être cinq ou six itinérants à la terrasse Turcotte. À Montréal, j'en voyais cent au carré Dominion. J'ai ressenti le besoin d'aller vivre avec eux, pour les connaître. À partir de ce moment-là, aussitôt que j'avais une chance, je m'en allais à Montréal pour deux jours. Je confiais la garde de ma maison à ceux qui avaient le moins de problèmes et je m'en allais coucher sur un banc au carré Dominion. Je vivais avec eux. Je dormais avec eux, dehors. J'allais leur acheter du café, des sandwiches. Je voulais les observer pour les comprendre. À l'occasion, quand j'étais trop fatigué par mon travail de Trois-Rivières — mon emploi de commis comptable, ma maison, mes itinérants, l'Hôtel Saint-Louis en plus —, je dormais au YMCA pour mieux me reposer. »

Ces allers-retours entre Trois-Rivières et Montréal, il les fera pendant deux ou trois étés. Par la suite, le travail à Trois-Rivières lui prendra tout son temps. Les soins à son père, très malade, l'occuperont également tout en le rapprochant, pour quelque temps, de sa famille. En mai 1970, la mort de son grand-père

Pronovost, qu'il accompagne jusqu'à son dernier souffle, en est déjà une première occasion.

Dans son journal intime qu'il recommence à tenir à partir de 1975, il rend compte des derniers mois de l'existence de son père. Un père dont il a souvent souhaité la mort, lorsqu'il était enfant, pour les mille et une fois où ce père l'a traité de bon à rien, pour l'absence d'affection comme pour les excès d'alcool et les querelles avec sa mère.

« 25 septembre 1975. Il y a presque cinq ans que mon père est impotent et ne travaille plus, maintenant il est sur son dernier mille. Depuis ce temps, il a eu à passer plusieurs semaines en psychiatrie à l'hôpital Sainte-Marie ; hospitalisé aussi à Saint-Joseph à plusieurs reprises. Tout dernièrement, soit au début de septembre, on lui a amputé un pied.

« 4 octobre 1975. Hier soir, j'ai fait la toilette de mon père et cette nuit, vers deux heures, ma mère a téléphoné à Réal pour lui dire que mon père était couché les yeux ouverts et ne bougeait plus. Réal est venu me chercher et sans tarder nous nous sommes rendus sur les lieux. Pierrot venait d'arriver et avait brassé mon père pour le ranimer, il le croyait dans le coma. À mon tour, j'ai essayé et aussitôt il est comme sorti d'un autre monde. J'aurais souhaité qu'il soit mort, autant pour lui que pour les autres.

« 9 octobre 1975. Tous les jours, si je ne travaille pas le soir évidemment, je rends visite à mon père. C'est moi qui ai la tâche de lui faire sa toilette. Si c'est un déshonneur pour lui, ça me semble être un honneur pour moi. Le pauvre, il fait vraiment pitié à voir. Quoi faire pour le soulager sinon le laisser abuser de médicaments ?

« 15 octobre 1975. Après la messe de 5 heures, mon père m'a fait une crise de colère. Paraît-il que depuis deux jours il n'est plus endurable et il est devenu agressif. Là, j'ai reconnu son caractère d'autrefois : jaloux, orgueilleux. Il s'est défoulé pendant presque une demi-heure en commençant par me dire qu'avant que je vienne au monde ça allait beaucoup mieux, et il me remémora tout ce qu'il avait fait pour moi et tout ce que j'aurais dû faire et que je n'ai pas fait. Pauvres ma mère et Pierrot qui demeurent avec lui. S'il continue ainsi, il faudra vraiment le placer avant que ceux-là finissent par en tomber malade.

« 29 janvier 1976. Après mon travail, je me suis arrêté chez mes parents. Réal y était. Mon père était drogué ; intérieurement j'étais très en colère, je le traitais d'égoïste. J'aurais voulu qu'il sache que mon plus grand souhait est qu'il meure le plus vite possible ou que ma mère l'abandonne et demande le divorce. »

Le conflit intérieur entre le devoir filial et le ressentiment du rejet subi depuis l'enfance se poursuivra jusqu'au dernier soir, le 7 juin. Quand son père meurt, son fils aîné est seul à ses côtés. Il l'embrasse et lui dit : « Là, je t'ai eu. » C'est la seule parole que Gilles prononcera.

Retour aux études

Bien que ses journées soient remplies d'actes de charité et de dévouement envers les démunis, Gilles continue à s'interroger sur la façon de réaliser son désir d'être missionnaire dans son milieu. « Depuis dix ans, depuis que j'étais sorti du monastère, j'étais en recherche. Je savais que j'avais une mission. Mais ce que je faisais, c'était un peu tout croche. J'essayais de m'occuper du mieux que je pouvais des gens que j'écoutais à l'Hôtel Saint-Louis. J'aidais les gens qui habitaient ma maison. Mais ce n'était pas ça que je voulais. C'était comme si je remplissais ma mission à moitié. Je ne pouvais pas l'accomplir au complet en continuant à avoir un travail régulier. Il y avait toujours la possibilité d'entrer encore dans une communauté religieuse. Mais je voulais être libre. Tout ça se mélangeait dans ma tête. »

C'est auprès des tourières du Carmel, où il continue d'aller prier trois ou quatre fois par semaine, que Gilles trouve réponse à son questionnement. Il leur confie qu'il est malheureux. Que son métier de commis comptable ne l'intéresse pas. Qu'il aimerait bien soigner les sans-abri qui sont malades. L'une des religieuses lui parle d'un professeur qui enseigne les soins infirmiers. Lui qui a toujours rêvé d'être médecin, il pourrait devenir infirmier.

Gilles rencontre ce professeur qui lui explique que la formation est offerte exclusivement aux jeunes chômeurs, pour leur permettre d'apprendre un métier. Il doute que Gilles soit admis au programme parce qu'il est âgé de 34 ans et qu'il a déjà un emploi. Gilles décide de tenter sa chance. Il abandonne son travail, fait une demande de prestations d'assurance-emploi et pose sa candidature. Il doit recevoir une réponse au début du mois de septembre.

« Le 6 septembre, on m'appelle pour me dire que je n'étais pas accepté. Il n'y avait pas assez de place pour tous ceux qui avaient appliqué. J'étais très malheureux. Dans l'après-midi, une de mes tantes m'apprend que ma grand-mère Pronovost vient de mourir. Ma grand-mère, je l'avais toujours aimée. Depuis que j'étais revenu à Trois-Rivières, j'allais souvent la visiter. Je lui faisais ses commissions. Là, j'ai fait une méchante crise. J'ai pris un coup solide cette nuit-là. J'avais tout tenté et j'avais tout perdu. J'étais en train de me démolir. Le lendemain, au salon mortuaire, j'ai beaucoup pleuré. J'ai dit à ma grand-mère : “Prie le bon Dieu, demande-lui que je fasse mon cours d'infirmier.” Le lendemain matin, à 8 heures, j'ai reçu un appel du centre de main-d'œuvre. Finalement, j'étais accepté. Pour moi, c'est un miracle. »

Avec une vingtaine d'autres étudiants, Gilles commence à fréquenter la polyvalente Sainte-Ursule pour ce cours intensif d'un an qui le mènera à l'obtention d'un diplôme de 5e secondaire comme infirmier auxiliaire. Les six premiers mois sont consacrés à l'apprentissage de la théorie : anatomie, microbiologie, hygiène générale et mentale, nutrition, psychologie, gérontologie, pathologies, pharmacologie, obstétrique et puériculture, pédiatrie. Une vingtaine de cours exigeants.

Assistance aux cours le jour, études le soir, Gilles réduit le nombre d'heures qu'il passe à l'hôtel. Dorénavant, il n'y sera que les samedis soirs. Il avait déjà fermé sa « cambuse » quelques mois avant la mort de son père, trop pris par les soins à lui prodiguer pour continuer à héberger ses protégés. Toutefois, durant toute la durée du cours, il continuera à aller rencontrer les sans-abri de la terrasse Turcotte et des parcs.

Stimulé par l'enseignement qu'il reçoit, comme lorsqu'il était à l'école Tourigny, Gilles constate qu'il apprend très facilement. « Quand j'étais jeune, j'avais des échecs à l'école. Mais là, j'ai vu que j'étais brillant. J'avais une mémoire épouvantable. Je pouvais réciter une page au complet après l'avoir lue. Après les mois de théorie, il y a eu les stages à l'hôpital Cloutier. Ça, j'ai vraiment adoré. J'étais vraiment dans ce que j'aimais : donner des soins. » Des stages en chirurgie comme en pédiatrie ou à la pouponnière. Il obtient une note parfaite pour chacun d'eux. Un tel étudiant est rapidement remarqué par les autorités de l'hôpital qui lui offrent un emploi temporaire pour la période estivale.

« Je faisais mon stage le jour et le soir je continuais à l'hôpital. J'ai travaillé en obstétrique — j'ai vu des accouchements, je trouvais ça tellement beau —, j'ai travaillé en inhalothérapie, à la salle d'urgence, dans les salles d'opération. J'aimais tellement ça. Je savais que c'était ma vocation. »

La rupture

C'est cette certitude qui a soutenu Gilles dans sa détermination à terminer ce cours malgré de graves difficultés personnelles. Depuis la mort de son père et de sa grand-mère, les relations avec sa famille sont de plus en plus tendues. Gilles a soutenu sa mère tant qu'il pouvait pendant les longs mois de maladie de son père. Il a toujours voulu la protéger, allant même jusqu'à souhaiter qu'elle choisisse de se séparer de son mari. Quand il se rend compte qu'un de ses oncles lui fait la cour, il veut encore une fois la protéger. « J'ai eu connaissance qu'il avait embrassé ma mère. Je l'ai pris par le collet, je l'ai sorti de la maison et je l'ai jeté en bas de la galerie. Mais ma mère semblait tomber amoureuse de lui. »

Une autre déception incite Gilles à rompre les liens familiaux. « On n'acceptait pas le travail que je faisais. On n'acceptait pas de me voir avec des itinérants dans la rue. On savait que j'allais à l'hôtel. Je leur faisais honte. Alors j'ai décidé que c'était fini. »

À l'hôtel, Gilles ne se contente plus de prendre un verre de temps à autre. Il commence à noyer sa séparation d'avec sa famille dans une quantité de plus en plus grande d'alcool. « Même que je me suis mis à me soûler. Il y a des fois où je me demande comment j'ai fait pour réussir mon cours d'infirmier. Je buvais et j'étudiais en même temps. J'allais à mes cours après avoir passé des nuits à boire. Il y a un professeur de stage qui s'est aperçue que je sentais la bière en entrant le matin. Elle m'a dit qu'il fallait que j'arrête de boire. Mais ça ne paraissait pas dans mon travail. Je faisais tout à la perfection. »

À la fin de son contrat avec l'hôpital Cloutier, Gilles tente de se faire embaucher dans les établissements de la ville. Ces démarches sont infructueuses. Il se met à boire de plus en plus. N'ayant pour subsister que ses prestations d'assurance-emploi, il doit se trouver un nouveau logement moins coûteux. Il déniche une petite chambre pas chère dans un ancien hôtel où il partage son lit avec les punaises. Une chambre aux murs tellement minces que les voisins l'entendent pleurer la nuit.

« Je pleurais parce que j'étais tout mélangé. Parce que j'avais quitté ma famille. Parce que j'avais perdu Pierrot. Quand je suis parti de la maison, Pierrot n'était pas là. Je n'avais pas pu le voir une dernière fois. Alors le soir, en passant par la cour des voisins, j'allais m'installer dans un coin noir derrière la maison pour essayer de le voir par la fenêtre. Des fois, je le voyais et ça me rendait tout heureux. » D'autres fois, de voir son petit frère l'incite simplement à boire encore plus. « Un soir, j'avais pris un coup. J'ai décidé de téléphoner à la maison. C'est Pierrot qui a répondu. J'ai entendu sa voix. Je me suis mis à pleurer. Juste pleurer. Je n'étais pas capable de parler. J'ai entendu Pierrot dire : "Gilles, Gilles, Gilles." J'ai refermé l'appareil. Je suis sûr que mon frère savait que c'était moi au bout de la ligne. Ce soir-là, j'ai entendu sa voix pour la dernière fois. »

Comme un dernier adieu. Peu de temps après, Gilles avale plusieurs somnifères puissants avec de la bière. Il ne souhaite pas qu'endormir le mal, il souhaite disparaître.

« Le lendemain matin, j'ai été tout surpris de me réveiller. » C'est une journée triste. La journée de la mort d'Elvis. En même temps, une journée où de nouveaux horizons vont s'ouvrir au nouvel infirmier : un hôpital de Shawinigan lui propose une entrevue. Nous sommes le 16 août 1977. Gilles a eu 35 ans quelques jours auparavant.

CHAPITRE VI

La vie à Shawinigan

« Quand j'ai reçu cet appel, j'étais fou de joie. J'ai arrêté de boire complètement. Pendant l'entrevue à Shawinigan, j'ai été très franc avec eux. Je leur ai dit tout ce que j'avais fait. Ma formation. Mon passage chez les pères du Saint-Sacrement. Mon intérêt pour les itinérants. L'écoute à l'Hôtel Saint-Louis. La maison d'hébergement à Trois-Rivières. Tout. Eux, ils m'ont demandé si j'avais vu le film *Vol au-dessus d'un nid de coucou.* »

Cette œuvre de Milos Forman a remporté l'année précédente plusieurs oscars. Mettant en vedette Jack Nicholson, le film raconte l'histoire d'un homme plein de compassion pour les patients d'un hôpital psychiatrique. S'opposant à la dureté du personnel, il y fomente une rébellion. Gilles n'a pas vu le film, mais il en a entendu parler.

En posant cette question, les examinateurs cherchent assurément à vérifier si Gilles fabule ainsi qu'à connaître son point de vue sur les soins à prodiguer aux malades psychiatriques. Une question importante puisqu'ils doivent former une toute nouvelle équipe pour l'hôpital Sainte-Thérèse, qui sera dorénavant spécialisé en psychiatrie. Au sortir de l'entrevue, Gilles est convaincu qu'il sera embauché. Enfin, l'espoir renaît. Il pourra exercer le métier qu'il adore.

Dans les jours qui suivent, il apprend qu'il entrera en fonction le 4 octobre. Quand Gilles pleure dans l'autobus qui le conduit avec ses effets personnels vers Shawinigan, ce n'est certainement pas d'angoisse et d'inquiétude à propos de la nouvelle vie qui s'offre à lui, dans une nouvelle ville. Il sait qu'il vient de tourner la page sur son passé, sa famille, ses souvenirs, son existence à Trois-Rivières.

Une belle aventure commence. Et une expérience passionnante. L'hôpital n'est pas encore ouvert. Il n'y a pas de patients. Tout est à créer. Le rôle qu'il y jouera ? Celui d'un infirmier : distribuer les médicaments et faire les injections, administrer les traitements et vérifier les signes vitaux. Également celui d'un membre de l'équipe de soins : écouter les patients et rapporter ses observations au psychiatre traitant, participant ainsi à l'évaluation du cas. Le contact quotidien de l'infirmier avec le malade aide le spécialiste à poser un diagnostic plus précis.

Une équipe qui doit aussi se serrer les coudes. Travailler avec les malades mentaux, c'est épuisant physiquement et émotionnellement. « Quand je travaillais à l'hôpital Cloutier, c'était aussi en équipe. Mais là, en psychiatrie, c'était une autre sorte d'équipe. Parce qu'on travaillait avec des sujets qui demandent beaucoup de temps, qui nous vident. On avait besoin de se ressourcer entre nous. C'est même arrivé qu'on parte ensemble des fins de semaine. »

Un milieu extrêmement stimulant qui l'incite à enrichir ses connaissances. En 1978, il décide de s'inscrire au cégep de Shawinigan pour suivre des cours du soir en philosophie. Une porte d'entrée vers un baccalauréat en théologie qu'il entreprendra, en 1982, à l'Université du Québec à Trois-Rivières, pour l'abandonner après quelques mois.

En plus de son travail et de ses études, Gilles continue à consacrer son temps et son énergie au service des démunis. Le

Ci-contre : *Sa chatte Katze dans les bras, Gilles dans son logement de la rue Saint-Félix, quelques mois après son arrivée à Québec. Il porte le casque de guerre de son grand-père Pronovost.*

Ci-dessous : *En compagnie de mère Teresa.*

En haut : *Angéline et sa chienne, Cocotte.*

Ci-contre : *La chienne « missionnaire », Toute P'tite.*

En visite au 24, Sussex Drive, chez le premier ministre Jean Chrétien, à l'occasion de la remise de l'Ordre du Canada.

Rencontre avec Diane Dufresne.

La gouverneure générale Adrienne Clarkson, accompagnée de son mari, John Saul, lors de leur visite de la Maison Gilles-Kègle.

Les bénévoles réunis à l'occasion de la visite de la gouverneure générale Adrienne Clarkson.

En compagnie d'Alphonse, dans le Mail Saint-Roch (photo : Vaklav Ruchler).

En haut : *Gilles et Estelle dans le Mail Saint-Roch (photo : Vaklav Ruchler).*

Ci-dessus : *La Maison Gilles-Kègle, au 380 de la rue du Pont (photo : Alain Gauthier).*

département de santé communautaire lui confie des patients qu'il visite à domicile. Et il continue à fréquenter les parcs à l'écoute des personnes âgées, comme certaines tavernes de Shawinigan à l'écoute des personnes seules. Toujours avec la même volonté d'accomplir sa mission.

Sans préjugés

Gilles ne peut être qu'apprécié par les malades. L'écoute, il la pratique depuis des années. Des préjugés, il n'en a pas. Il va même les voir, le soir, en dehors de ses heures de travail. Un mot du directeur du personnel de 1981 le décrit ainsi : « Monsieur Gilles Kègle se distingue particulièrement par sa disponibilité face à l'équipe de travail et aux bénéficiaires. L'administration des soins infirmiers apprécie grandement son souci du bien-être des bénéficiaires et son apport humain des soins. Par conséquent, l'appréciation globale de cet employé face à son rendement dans sa fonction n'est qu'excellente. »

Pour certains malades, Gilles devient le lien de confiance avec l'équipe. C'est le cas, par exemple, de Michel. Ce jeune homme âgé d'une vingtaine d'années lui confie ses idées suicidaires. Quand l'équipe sent qu'il ne va pas bien, c'est à l'infirmier qu'on demande d'intervenir. Après que Michel s'est enfui de l'hôpital, Gilles le rencontre par hasard dans la rue et le patient le suit sans résister. « Une autre fois, je revenais d'une visite à Trois-Rivières. C'était la fin de l'hiver. J'étais allé au sanctuaire Notre-Dame-du-Cap comme je continuais à le faire régulièrement. Quand je suis arrivé à mon appartement, j'ai vu qu'il y avait des traces de pas dans la neige de l'escalier et du balcon d'en arrière. Des pas qui montaient et qui descendaient. J'étais bien étonné parce que je n'avais jamais de visite. Tout de suite, j'ai pensé à Michel. Inquiet, j'ai appelé à l'hôpital. On m'a dit : "Gilles, on a une mauvaise nouvelle pour toi. Michel s'est suicidé. Un chauffeur de taxi l'a vu se jeter dans la rivière, près des chutes." J'ai eu tellement de peine. Je m'étais attaché très fort à lui. » Cette dernière visite témoigne de la confiance qu'il inspirait au malade.

Il devient aussi bientôt le confident de plusieurs collègues. C'est parmi ces derniers qu'il fait la connaissance de « la femme de sa vie » : Cécile, l'infirmière en chef de son équipe. « Je suis tombé amoureux d'elle. Tombé amoureux, entendons-nous. Ç'a été la grande amitié. Une fille qui sortait de l'université. J'avais dix ans de plus qu'elle. Mais nous avions des affinités incroyables. On aimait la solitude, jaser de spiritualité, philosopher et aller marcher. » C'est d'ailleurs en se promenant avec elle au bord de la rivière que Gilles a la vision du corps de son ancien patient, Michel. Il lui désigne un endroit, juste au bas des chutes. Cécile ne voit rien. C'est pourtant à cet endroit précis que le corps sera retrouvé quelques semaines plus tard.

Avec Cécile, c'est une grande amitié dont Gilles aurait bien voulu qu'elle soit un grand amour partagé. Un soir, tandis qu'ils sont chez lui en train de regarder des photographies, il ressent un violent désir pour elle. Il la presse de sortir de la maison. Dehors, il lui explique qu'il a soudainement eu envie de la violer. Lui qui n'a jamais eu de relations sexuelles avec une femme de toute sa vie. « Cécile m'a dit qu'elle comprenait. Ça ne lui avait pas fait peur, ce que je lui disais. On en a parlé. Elle m'a fait comprendre qu'elle ne m'aimait pas de cette façon-là. Je le savais d'ailleurs. »

D'autres êtres commencent aussi à occuper une grande place dans sa vie : ses deux petites chattes, Katze et Ti-Mine. C'est une sœur de sa mère qui les lui a données. « J'avais coupé les liens avec ma famille. Toute ma famille. Sauf le contact que j'avais gardé avec la famille Boileau. Eux, ils ne m'ont jamais abandonné. Au contraire, je pouvais les appeler quand j'avais besoin d'un service. C'est cette tante-là, de Trois-Rivières, qui m'a apporté un bébé de sa chatte. La semaine suivante, je lui en ai demandé un deuxième. C'est comme ça que j'ai fondé une famille avec mes chattes. »

Des chattes qu'il flatte, qu'il caresse. À qui il confie sa solitude. Elles sont les témoins de sa rechute dans l'alcoolisme. Peu à peu, l'habitude de boire se réinstalle. « Le soir, je pensais à ma famille, que je détestais alors. Je la détestais tellement que je pensais même à aller mettre le feu à la maison chez ma mère. » C'est ce genre d'idées qu'il ressasse quand il s'enivre.

Le feu, il le voit de près, un soir qu'il est de passage à Trois-Rivières, après une excursion à Montréal. Obligé d'y passer la nuit — à cette heure, il n'y a plus d'autobus pour Shawinigan —, il se rend à l'Hôtel Saint-Louis. Après de bons moments passés à évoquer de vieux souvenirs avec des connaissances retrouvées, Gilles décide d'y coucher. À l'aube, c'est l'alarme d'incendie qui le réveille. Accompagnant les policiers et les pompiers, l'infirmier frappe aux portes pour prévenir ceux qui sont encore endormis. « Après que tout le monde est sorti, je me suis installé au bar avec Yves, mon ami serveur. On a pris une bière, puis une deuxième et une troisième. On se racontait notre vie quand les pompiers sont venus nous chercher pour nous dire d'évacuer, que tout allait s'écraser. » L'Hôtel Saint-Louis n'a jamais été reconstruit. Comme s'il était l'exemple d'une page d'histoire à jamais tournée, à l'égal de la vie trifluvienne de Gilles.

Même s'il boit beaucoup, l'infirmier ne perd pas la tête. À l'hôpital, personne ne s'en rend compte. Même Cécile n'est pas au courant. Pour combattre les effets de l'alcool, Gilles décide de changer de quart de travail. Après quatre années passées avec la même équipe de jour, il travaillera le soir. Le lever du matin lui sera ainsi moins difficile. Il se met aussi à la course à pied. Un moyen d'éliminer les toxines de son organisme. Il veille aussi à bien s'alimenter. Infirmier, il mesure mieux que personne les dommages que l'alcool fait subir à son corps.

Tous les jours, il parcourt un minimum de 10 kilomètres dans les sentiers de la forêt voisine. Au détour de la route, il découvre une marmotte et une femelle chevreuil qu'il baptise

Joseph et Marie. C'est auprès d'eux qu'il reprend son souffle, racontant sa vie à l'un et gavant l'autre de pommes.

Bientôt, d'autres se joindront à lui dans ses courses. Des jeunes décrocheurs de l'école secondaire du quartier, rencontrés dans les parcs. Âgés d'une quinzaine d'années, ils ont besoin de dépenser leur énergie. Évidemment, Gilles ne fait pas que courir avec eux. Il les écoute quand ils parlent de leurs problèmes familiaux : le père toujours absent, la mère qui n'est pas souvent là, l'école inintéressante. « Je les ai amenés faire de la course à pied. Ensuite, j'ai installé, dans mon appartement, un studio de poids et haltères. J'en avais fait un peu à Trois-Rivières et ça intéressait les jeunes. Je leur laissais ma clé pour qu'ils viennent quand ils voulaient. Je leur laissais cette liberté-là. Ces jeunes-là, qui étaient des décrocheurs, ils ont fini par retourner à l'école et ils ont tous réussi. Il y en a même un qui, je pense, est psychologue aujourd'hui. »

En désintoxication

Au cours de son examen médical annuel, au printemps 1982, Gilles confie son problème d'alcoolisme au docteur Philibert. Il boit maintenant, chaque soir, quatre ou cinq grosses bouteilles de bière. Une quantité importante pour un homme qui ne pèse que 110 livres. Le médecin craint d'ailleurs que le foie de son patient soit affecté par l'abus d'alcool. Après plusieurs discussions, il convainc Gilles de prendre congé pour une période d'un mois et de faire une cure de désintoxication.

Le jour même, Gilles entreprend de rédiger un journal qu'il tiendra jusqu'à son retour au travail. Il relate ainsi sa rencontre avec le médecin :

« Vendredi 14 mai. Le docteur Philibert ne s'est pas gêné pour aller droit au but : "Je vais t'hospitaliser. Tu passeras trois ou quatre jours à l'hôpital régional pour des examens hépatiques. Je vais te prescrire des Librium. Au début, les doses seront fortes et puis je les baisserai graduellement." » Le médicament, en plus de diminuer l'angoisse du patient, lui procurera la même sensation d'engourdissement que l'alcool. Ce sera le début du sevrage.

Gilles poursuit ainsi : « Ce que j'avais attendu avec anxiété était dit. Je me sentais un peu soulagé quoique très anxieux et même angoissé. Je devais ressembler à l'agneau qui est conduit à l'abattoir ou au criminel sur la chaise électrique. Au retour à la maison, sur ma bicyclette à dix vitesses, j'avais les larmes aux yeux. J'avais l'impression que mon esprit s'arrêtait de penser tout à coup. J'éprouvais une sensation de vide. En entrant à la maison, lorsque j'ai aperçu ma chatte Katze, je me suis mis à pleurer. Je l'ai prise dans mes bras comme on berce un enfant et je lui ai parlé comme si elle était un être intelligent, capable de comprendre. Je lui racontais mon malheur tout en essayant de la consoler. Je lui ai demandé si je devais l'amener chez le vétérinaire pour lui enlever la vie. Elle a aussitôt grogné des miaou. Je lui ai alors promis que, si elle voulait bien se montrer patiente pendant ma longue absence, je la garderais toujours avec moi. »

Dans ce journal, Gilles décrit les effets du sevrage et les méthodes utilisées à l'hôpital et au centre Domrémy de Pointe-du-Lac pour le traiter. De ce centre, où il séjournera deux semaines, il écrit : « J'ai appris avec regret que j'étais interné pour un court séjour, c'est-à-dire pour une dizaine de jours. J'aurais souhaité y passer un mois. Peut-être que, si j'invente un besoin quelconque, on finira par me le permettre. Mais quoi inventer ? Je pense que j'ai trouvé. Je n'ai qu'à demander de rencontrer un psychologue et lui dire que j'ai un urgent besoin de thérapie et d'orientation pour m'en sortir. Que le problème de la bière est tout là et que, tant que ce ne sera pas réglé, je ne pourrai m'en sortir avec l'alcool. Bon, on verra. Je commencerai donc ce petit jeu aujourd'hui même. »

Mais le personnel du centre de désintoxication en a vu

d'autres. Son « petit jeu » est rapidement découvert. Devant une liste d'attente interminable, ils n'ont pas le choix. L'état de dizaines d'autres patients est jugé plus grave que le sien. Afin de mener à bien la désintoxication, au sortir de Domrémy, Gilles ira passer quelques jours à la trappe d'Oka.

Le journal contient aussi la description, au quotidien, de ses réflexions. D'où vient ce besoin de boire ? « Dès l'âge de 25 ans, je souffrais de troubles digestifs. Une bière tous les soirs me soulageait. Au bout de deux ou trois ans, c'était trois ou quatre bières. Rarement le jour, toujours le soir avant de me mettre au lit. » « Depuis ma jeunesse, au coucher, j'ai peur de la mort. C'est d'ailleurs une des raisons de la bière au coucher. » « Une espèce de médication, ou mieux, de somnifère. »

Pourquoi boire ? « Dans le film de ce matin, je me suis reconnu dans l'enfant traumatisé par le rejet, l'alcoolisme du père, la dévalorisation, le mutisme et tous les autres ennuis que j'ai connus pendant mon enfance. Tout au long du film, je me sentais révolté et j'éprouvais un sentiment profond de pitié pour l'enfant qui devenait indifférent à tout à cause du problème familial. » Ou encore : « C'est ici le gros bobo de ma vie. C'est qu'il me manque toujours quelqu'un. Ce quelqu'un, je l'ai toujours remplacé par la bière. N'ayant plus la bière, il ne me reste plus qu'à espérer trouver la ou les personnes pour partager mon existence. Pour le moment, la solution serait peut-être de trouver une personne, n'importe qui, pour partager mon logement. Occuper mon temps libre à l'extérieur de la maison si je suis seul. Assister à des meetings AA et essayer de me faire des amis. » « Comme je serais heureux si je pouvais me faire un ami AA ! C'est comme si j'attendais toujours un miracle. C'est comme si l'ami dépendait d'un miracle. Ai-je droit à une telle amitié ? Pourquoi pas moi ? Pourquoi faut-il que ce soit un miracle en ce qui me concerne et non un phénomène normal ? »

Il décrit aussi le réconfort qu'il ressent après chaque visite ou coup de téléphone de membres de sa famille (oncle, tante, cousine et cousin) et de collègues de travail. Des gens, comme Cécile et son ami Louis, auxquels il a avoué qu'il leur mentait quand il disait ne prendre que deux ou trois bières occasionnellement. Des amis qui lui pardonnent et l'encouragent à poursuivre le traitement.

C'est aussi à son journal qu'il confie ses moments de dépression. « Je n'en peux plus d'entendre des sermons sur l'alcoolisme du matin jusqu'au soir. Je suis même écœuré d'entendre tous et chacun raconter leur vie. J'ai l'impression que tous les bénéficiaires se répètent. Je crois que je n'en peux plus. Les nerfs semblent lâcher. Il n'est que 6 h 40, et déjà j'ai l'intention de demander la permission d'être laissé tranquille toute la journée. Qu'on me laisse la paix avec la morale alcoolique, qu'on me redonne ma solitude. Un petit coin dans la nature en plein air, au soleil, me suffirait pour passer la journée, seul. »

Il y retranscrit également les lettres adressées à ses correspondants européens, philatélistes comme lui, comme celles qu'il envoie à sœur Irène, l'une des religieuses du Carmel de Trois-Rivières, à qui il raconte avoir confié à l'aumônier de l'hôpital son désir de devenir prêtre-ouvrier.

Car ce retrait de près d'un mois de la routine quotidienne lui permet aussi de faire à nouveau le point sur sa foi et sa vocation. « Ce qui me sauve, c'est ma foi. Je sais que ces souffrances qui datent de mon enfance ne sont pas inutiles. C'est probablement voulu par Dieu Lui-même. La preuve est peut-être la grâce qui a fait que j'ai pu passer à travers jusqu'ici sans que ma foi soit troublée et avec le goût de bien vivre. » « Tu sais, Père, enfin Tu sais tout, je n'ai rien à Te cacher. J'ai quand même joué à cache-cache avec Toi. Je n'ai toutefois jamais cessé de T'aimer et j'ai toujours mis ma confiance en Toi. J'ai été bien infidèle et j'aurais pu exprimer ma foi à chaque instant de ma vie. Je ne l'ai pas fait car j'ai aimé mieux obéir à des pulsions mauvaises mais sans malice. Je ne voudrais pas retourner en arrière car c'est le passé. Mais je voudrais Te renouveler un grand mot : je T'aime et, dorénavant, chaque instant de ma vie veut être l'expression perpétuelle du je T'aime. Je Te le prouverai dans mes frères. Tu veux m'accorder cette sainteté ? »

Quand il constate qu'il devient, comme toujours, le confident de ceux qui l'entourent, il écrit : « Seigneur, je ne comprends pas pourquoi les gens viennent à moi pour me conter leurs problèmes lorsque je suis moi-même si perturbé. Je ne vois qu'une réponse à cela, c'est que Tu m'as appris à communiquer avec Toi pour les aider. Si ma présence est nécessaire, la prière est encore plus efficace. » Une prière qu'il décrit ainsi : « Le mot prier ne convient pas ici, je devrais plutôt le remplacer par jaser. Avec Dieu, que ce soit le Père, Jésus ou l'Esprit, je m'entretiens comme je le fais avec les gens mais d'une façon plus simple encore : comme un enfant. »

À la trappe d'Oka, Gilles ressent les bienfaits de la vie monastique : la routine des offices qui règle l'emploi du temps heure par heure, le silence qui laisse toute la place à la lecture, à la méditation et à la prière. Et le réconfort de parler avec le père hôtelier qui l'encourage dans son intention de devenir prêtre-ouvrier. Tout cela lui rappelle son séjour chez les pères du Saint-Sacrement, son choix de devenir missionnaire dans son milieu, celui d'être infirmier auxiliaire. Mais est-il sur la bonne voie ?

Il reprend de plus belle ses conversations-prières avec Dieu. « Tout au long de cette discussion avec notre Trinité divine, j'ai retrouvé le courage d'être. J'ai même compris que je n'agissais pas dans la vie comme je devrais. Je veux dire par là que je ne suis pas soumis à ma vocation. Vocation que je connais mal. Vocation que je ne connais que par intuition. Intuition de la grâce ? Je ne demande pas mieux que de répondre au(x) dessein(s) de Dieu ! Mais quoi ? Où trouverai-je l'harmonie parfaite de mon entière personnalité sur cette terre ? »

Lorsqu'il quitte le monastère, le 11 juin, Gilles se sent mieux, mais toujours fragile. « Entre les deux autobus [celui qui l'amène d'Oka et celui qui va à Shawinigan], j'avais cinq heures d'attente à Montréal. Je me suis promené sur la rue Sainte-Catherine jusqu'à la hauteur de Peel. Les premières tentations ont d'abord été les tavernes et les brasseries que j'avais l'habitude de fréquenter. Je me sentais très attiré, ne serait-ce que pour une simple liqueur. J'ai tenu bon, je ne suis pas entré. Les autres tentations, encore plus pénibles celles-ci, portaient atteinte à la pureté. Depuis longtemps, mon corps et mon esprit n'ont jamais eu tant soif de sexualité. Après une si bonne retraite où j'avais oublié ce genre de tentations, voilà que j'étais plongé dans un monde diabolique. Et il y a le père Armand qui m'a fait remarquer que je commettais des fautes graves sans que je m'en doute. Je ne savais pas que la masturbation était une faute grave ! Voilà que je serai donc privé du seul plaisir affectif qui me restait. »

Au retour d'Oka, Gilles est encore en congé de l'hôpital pour quelques jours, le docteur Philibert l'ayant convaincu de s'accorder un repos supplémentaire. Comment occupera-t-il son corps et son esprit pour résister à l'envie de boire ? Il suit assidûment les rencontres des AA dans les villes avoisinantes. De plus, il multiplie les activités : excursions à vélo dans les parcs et jusqu'au sanctuaire de Notre-Dame-du-Cap à Trois-Rivières ; lecture et correspondance à la bibliothèque municipale. C'est de cet endroit qu'il écrit : « Je n'ai pas le goût d'entreprendre quoi que ce soit. Je cherche à me défouler. Et je ne sais pas sur qui ou sur quoi frapper. Je n'en peux plus. Je sens que je vais exploser. Mon angoisse est comme un étau à l'intérieur de moi et mes nerfs résistent toujours. Jusqu'à quand vais-je pouvoir retenir mon cri d'alarme ? »

Il poursuit : « Je souffre le martyre, c'est affreux ! Ça fait mal partout. Premièrement, la solitude m'écrase, m'éloigne de la réalité. Ce que je veux dire, et je vais être direct, c'est que j'ai grandement besoin d'affection. Je ne sais pas ce que c'est pour moi-même, mais ça doit être bon en grand ! Se sentir aimé par quelqu'un, se laisser caresser, embrasser, se regarder dans les yeux et se deviner. Pourquoi n'ai-je pas droit à cela ? Tout mon être n'en peut plus. Et si au moins je pouvais passer ma main sur tout mon corps comme je le faisais autrefois. Mais non, je n'ose même plus, depuis que j'ai appris que c'était une faute grave. Mais pourquoi les autres ont-ils le droit ? Ils n'ont pas plus le droit mais ils le prennent. Pourquoi la masturbation est-elle un péché grave pour moi et non pour les autres ? Parce qu'ils sont innocents ? Parce qu'ils ne savent pas que c'est une faute grave, donc ce n'est pas péché ? Je ne sais plus quoi penser, je ne sais plus comment agir. Je ne sais pas pourquoi, j'aurais envie de me fouetter jusqu'au sang comme si c'était le seul moyen de dissiper toutes ces tentations. »

Sœur Irène, à qui il confie ses tourments, lui répondra : « Quant à la discipline et aux instruments de pénitence, je t'avoue que je n'aime pas cela… il y a d'autres moyens pour s'aider. Pour peu que je te connaisse, je te vois, perçois comme quelque peu extrémiste… la tempérance est bonne conseillère en tout. »

Retour au travail

Au début du mois de juillet, Gilles reprend le collier, encore fragile. Il est heureux de retrouver patients et collègues qui l'ont soutenu dans sa propre épreuve. Il se remet aussi à la course à pied. En octobre 1982, il participe aux 20 kilomètres du Kinsmen de Grand-Mère. Une course qu'il termine en une heure trente et une minutes. Un temps fort honorable pour un homme de 38 ans ! La vie continue !

« À l'hôpital, ils sont toujours contents de moi. L'hospitalière, la chef d'équipe, me dit, dans mon évaluation, que mon travail est parfait. » À cette occasion, elle discute aussi avec Gilles, comme avec d'autres employés, du travail des autres membres de l'équipe de soins. « Je m'apercevais bien qu'il y en avait qui ne faisaient pas la moitié de leur tâche. On devait faire beaucoup d'écoute des patients. Il y en avait qui aimaient mieux jaser entre eux de leurs sorties, de leurs chums, de leurs maisons. Moi, je n'aime pas parler en mal ni de l'un ni de l'autre. Mais elle m'a posé des questions, alors je lui ai dit la vérité. »

À son entrée au travail le lendemain, l'infirmier se rend compte que ça ne tourne pas rond. On le regarde de travers. Rapidement, le chat sort du sac. Une rumeur s'est répandue selon laquelle Gilles aurait dénoncé le mauvais travail de certains des employés. « Là, j'étais tellement mal. Moi qui aimais tout le monde. Moi qui n'avais jamais rien eu contre personne, qui les avais tous écoutés. La moitié du personnel était contre moi. J'étais vraiment mal à l'aise. Et j'ai compris qu'on me mettait sur le dos tout ce qui avait pu être dit contre leur travail. Quand je rentrais à l'hôpital, je ne me sentais pas bien. Heureusement qu'il y avait un groupe qui m'appuyait. Ceux qui travaillaient bien, qui donnaient beaucoup de temps aux malades. »

Environ une semaine après cet incident, Gilles est victime d'une agression. « C'était à l'heure du souper. Tout le monde était occupé à faire manger les bénéficiaires. On m'a demandé de faire une injection à un de mes patients qui n'allait pas bien. Quand je suis arrivé avec la seringue, j'ai vu son regard. Le regard d'une personne agressive, qui ne va pas bien du tout. Dans le temps de le dire, il m'a sauté dessus. Il m'a pris à la gorge. J'ai réussi à me défaire de lui. J'avais presque réussi à sortir de sa chambre quand il m'a rattrapé. Là, il s'est mis à me jeter sur les murs. Il me brisait les côtes. Je ne sais pas combien de temps ça a duré. J'étais inconscient quand l'infirmière qui faisait la tournée des chambres s'est aperçue de ce qui se passait. Elle a appelé les "gros bras" qui ont réussi à le calmer et à me délivrer. »

Gilles doit être hospitalisé le temps de stabiliser son état physique. Mentalement aussi, il est blessé. Toutefois, dès le surlendemain, il insiste pour aller rencontrer seul son agresseur. Pour comprendre. Et pour se débarrasser du traumatisme. Le patient, qui souffre de délire mystique, lui raconte qu'il a entendu la voix d'un évêque lui ordonnant de tuer l'infirmier. Gilles lui pardonne et reprend le travail.

Mais le cœur n'y est pas. Il soupçonne les autres employés de se réjouir de ce qui lui est arrivé. Affronter leurs regards accusateurs devient chaque jour plus difficile. Travailler avec eux est devenu invivable. Un soir, la coupe déborde. Il s'installe devant une feuille blanche et demande à ses collègues si le mot démission s'écrit avec deux « s ». Il a décidé de quitter l'hôpital.

Convoqué par la direction pour expliquer la raison de son départ, Gilles répond qu'il ne peut se remettre du traumatisme causé par l'agression subie. Alors que, en réalité, ce qui le tourmente, c'est l'attitude de ses collègues. Mais il n'en dira pas un mot. On lui suggère de prendre un congé de maladie. Il refuse et quitte l'hôpital le 5 mars 1983, après cinq années de travail passionné. Un départ regretté, comme l'indique la directrice des soins infirmiers dans la lettre de recommandation qu'elle lui remet.

Mais Gilles veut-il vraiment trouver un autre emploi du même genre ? « Est-ce que je devais aller travailler dans un autre hôpital ? Je ne le savais pas. Il me semblait qu'il fallait que je laisse aller les choses. J'avais droit à l'assurance-chômage et je pouvais retirer ma pension. J'avais de quoi vivre pendant un an. Cécile est la seule personne qui a su la vraie raison de mon départ. Mais je lui avais demandé de ne jamais la dire. Elle a respecté ma volonté. »

Comme elle respecte le choix qu'il fait de ne pas travailler. Elle le voit replonger dans la solitude et les tourments. Elle soupçonne qu'il recommencera à boire. Pendant un an, Gilles se retire du monde, jusqu'à ce que ses ressources financières soient épuisées et qu'il se mette à nouveau à la recherche d'un emploi. C'est ainsi que, à l'aube de ses 40 ans, il entre en contact avec l'agence Quévillon, une agence de placement qui lui garantit un emploi à Montréal.

Dans un récit, il décrit ainsi son voyage. « Un matin du mois de mai 1984, je suis parti par autobus pour Montréal avec ma bicyclette. J'ai circulé pendant trois jours à la recherche d'un gîte. Chaque fois que je visitais un loyer, j'en sortais insatisfait. J'ai fini par trouver un appartement sur la rue Notre-Dame. Lorsque le moment est venu de signer le bail, quelque chose m'en empêchait, comme si j'allais regretter par la suite. Le propriétaire m'a trouvé bizarre. Déçu, je me suis retrouvé à Shawinigan sans comprendre ce qui m'arrivait. Pendant ces trois jours à Montréal, j'ai connu la nuit obscure, le vide, le dégoût. Tout ce temps, j'ai pensé que la Providence m'avait abandonné. Je n'avais même plus le goût de prier.

« Le lendemain matin, en me réveillant, j'étais peiné de penser que j'étais devant rien, même si j'avais du travail assuré et bien rémunéré à Montréal. Je me suis comme endormi, j'ai fait un rêve à demi éveillé. Mais quel rêve incroyable. Maintenant, je sais que c'était une vision. Je me suis vu à Québec, dans la côte d'Abraham. Je montais et je descendais avec un sac à dos. Je faisais souvent ce même trajet. J'entrais à un endroit où il y avait beaucoup de monde.

« Revenu à moi, j'étais certain que Dieu m'appelait à Québec. J'étais sûr de ne pas me tromper, j'étais rempli d'espérance et de la présence de Dieu. La Trinité ne m'avait pas abandonné.

« Ce même matin, je me suis dirigé au terminus de Shawinigan pour m'informer de l'heure du prochain autobus. Le départ était quelques minutes plus tard, je n'avais pas le temps de retourner chez moi pour prendre ma valise. Tant pis, j'étais appelé à Québec. Tout au long du parcours, un grand bien-être m'envahissait. Pourtant, aucun travail assuré ne m'y attendait. Je risquais la pauvreté pour une vie plus heureuse. »

Les débuts de la vie à Québec

Arrivé à Québec, Gilles consulte un journal pour se trouver un logement. Il fait un appel et, une heure plus tard, signe un bail pour la location d'un appartement situé rue Saint-Félix, dans le quartier Saint-Roch. Le 30 juin, il emménage avec un mobilier réduit, quelques effets personnels et ses deux chattes.

Un déménagement épique. Pauvre — il fait appel depuis deux mois à l'aide sociale pour subvenir à ses besoins —, Gilles demande à des connaissances de l'aider à transporter meubles et effets. Des hommes qui ont généreusement festoyé la veille mais qui sont au rendez-vous, même s'ils sont passablement éméchés. On charge le camion, que Gilles suit dans la voiture d'autres amis avec ses deux chattes. En route, près de Sainte-Anne-de-la-Pérade, c'est la panne. Pendant qu'on s'affaire autour de la voiture, l'une des chattes s'aventure à l'extérieur. C'est l'affolement, d'autant plus que le conducteur du camion, qui ne s'est rendu compte de rien, poursuit sa route.

Gilles téléphone à des cousins qui habitent un village proche pour qu'ils viennent le dépanner. Le voici reparti pour Québec, une chatte sous chaque bras. Enfin, il arrive rue Saint-Félix. Le camion est déjà là.

C'est en riant qu'il raconte la suite de l'histoire. « Ils m'ont aidé à transporter le poêle, le frigidaire, les meubles de cuisine. Pendant que je montais des boîtes dans l'appartement, j'ai entendu le camion partir. Ils avaient laissé tout le reste dans la cour. Essayez de vous imaginer dans quel état j'étais. Depuis le matin, tout ce qui m'arrivait : mon inquiétude de les voir soûls, la panne d'auto, la peur de perdre mes chattes. J'ai continué à tout monter, tout seul. Du stock, il y en avait partout. Mais, au moins, j'étais là. Et mes chattes étaient là. Après, je suis allé me chercher de la bière. J'ai bu toute la nuit. Le lendemain matin, je me suis promené dans Québec. Je me suis arrêté pour prier à la basilique et j'ai fait un tour à la fête du 1er juillet. Après, je suis revenu voir mes chattes. J'ai dîné et j'ai défait mes boîtes. Là, la vie commençait. »

En peu de temps, Gilles se trouve un emploi. L'agence de placement Up-John l'intègre rapidement à son équipe de surnuméraires qui se déplacent dans les différents hôpitaux de la ville. Ce type de travail ne le satisfait pas. Courir d'un lieu à l'autre, changer d'équipe de collègues comme de patients, ce n'est pas le genre de vie qu'il veut mener. Après quelques semaines d'insatisfactions diverses, il se voit confier une nouvelle fonction par les responsables de l'agence. Dorénavant, il soignera, à domicile, Rolland Desmeules, un ancien médecin maintenant paralysé.

Pendant l'été, le docteur Desmeules habite sa résidence de Cap-Rouge, une petite localité de villégiature située sur le bord du Saint-Laurent, à quelques kilomètres de Québec. Gilles s'y rend tous les jours à bicyclette. L'automne venu, c'est dans la haute-ville, sur la Grande Allée, qu'il continue à prodiguer ses soins quotidiens. « Là tout va bien. L'argent rentre. Je paie mon loyer. J'ai des bonnes dépenses. Je vais manger dans les restaurants. Je suis heureux. » Jusqu'à ce que le docteur Desmeules meure en 1985.

C'est alors que les ennuis commencent. Gilles fait une demande d'assurance-emploi. Six semaines plus tard, il apprend qu'elle est refusée parce qu'il n'a pas fourni de relevé d'emploi. La compagnie Up-John, qui préférerait le voir retourner travailler dans les hôpitaux, tarde à le lui fournir. On le renvoie de la succursale de Québec au siège social de Toronto. Le fameux papier n'arrive toujours pas. L'argent commence à manquer. Gilles n'arrive plus à payer son loyer. Il n'a qu'une seule solution en tête : ramasser des bouteilles vides. Ce qu'il fait pendant plusieurs mois.

« C'était tellement humiliant. C'était l'automne, il commençait à faire froid. J'allais autour des restaurants de la rue Saint-Louis et de la rue Saint-Jean. Autour du Château Frontenac. Partout où je pouvais trouver des bouteilles vides. Je sentais la bonne odeur des cuisines. Alors que tout ce que j'avais à manger, c'étaient des œufs, des patates et du beurre de *peanut.* Je trouvais ça dur de voir les riches alors que moi j'avais tant de misère. L'hiver, quand je voyais une bouteille qui dépassait dans la neige, je me mettais à courir pour aller la chercher. Je dégageais aussi le pied des parcomètres pour y chercher un 5 cents ou un 10 cents. Les bonnes journées, comme pendant le Carnaval de Québec, je pouvais ramasser jusqu'à six sacs de bouteilles, des grosses bouteilles à 20 cents chaque. Dans ce temps-là, je m'achetais de la bière. Au moins, quand je pouvais me soûler, je le faisais. Ça me faisait du bien. »

Un automne, un hiver et un printemps à vivre dans l'angoisse perpétuelle, dans la quête incessante d'argent pour se nourrir. Tellement préoccupé qu'il n'a plus la capacité de chercher un nouvel emploi. Une autre idée l'obsède : son logement. Gilles tient à avoir un toit, pour lui et pour ses chattes, dont il ne veut à aucun prix se séparer. Son propriétaire commence à réclamer de façon plus insistante les mois de loyer en retard.

« À un moment donné, je n'ai plus le choix. Il faut que je vende ma collection de timbres. Je mets une annonce dans le journal. Un monsieur me téléphone. Je me souviendrai toute ma vie des moindres détails : son entrée dans mon appartement, sa façon de regarder les timbres. C'est sûr qu'il avait compris tout de suite la valeur de ma collection. Il m'a demandé combien j'en voulais. Je lui ai dit de me donner ce qu'il pouvait. Je lui ai raconté mes problèmes financiers. Il m'a donné 1 200 $. Je savais qu'elle en valait au moins 20 000, peut-être même 40 000. J'avais tellement besoin d'argent que j'ai dit oui. Cette collection-là, je l'avais depuis mon enfance. Elle m'avait suivi partout. Encore aujourd'hui, j'ai le réflexe de détacher les timbres sur les lettres que je reçois. Je les range dans un tiroir mais je sais que je ne retoucherai jamais à ça de ma vie. Quand l'homme est parti, j'ai tellement pleuré. On venait me prendre tout ce qui me restait. »

La somme ne suffit pas à régler toutes les dettes. Deux ou trois semaines plus tard, c'est à des commerçants de la rue Saint-Jean qu'il offre ses quelques livres de prix pour une centaine de dollars. Avec le temps, Gilles a fini par recevoir le fameux relevé d'emploi. Il a pu réclamer des prestations d'assurance-emploi. Mais le moral n'est plus là. Il vit dans l'angoisse et la dépression. Une fois ces prestations épuisées, c'est à l'aide sociale qu'il aura de nouveau recours.

La détresse en prime

Depuis qu'il est tout petit, Gilles a trouvé dans la prière un apaisement à ses souffrances. Le sanctuaire Notre-Dame du Sacré-Cœur, petite chapelle de la rue Sainte-Ursule, est devenu un refuge où il vient pleurer quotidiennement. Quand il peut s'offrir ce luxe, il allume un lampion, symbole d'un peu d'espoir. Mais son angoisse est telle qu'il n'y trouve plus vraiment de consolation.

Il fréquente aussi la basilique. « Un soir, j'y suis entré. Il était peut-être sept heures. Il y avait une messe. Avec mes sacs de bouteilles vides, je faisais beding, bedang dans les allées. C'était extrêmement humiliant. J'avais besoin de me réchauffer. J'avais le goût d'aller prendre un café. Je n'avais que 50 cents dans mes poches. Quand la messe a été terminée, je me suis approché du prêtre qui vidait les plateaux de la quête. Je lui ai dit : “Je m'excuse. Est-ce que je pourrais avoir 50 cents, s'il vous plaît, pour m'acheter un café ?” Il m'a regardé bêtement. Il m'a dit que, dans cette église, ils n'avaient pas l'habitude de donner de l'argent. En me regardant froidement, il a fini par m'enfoncer deux vingt-cinq sous dans le creux de la main. Je suis allé le prendre, mon café. Mais il a passé de travers. »

Un prêtre dont l'attitude le déçoit et qui lui rappelle d'autres moments de sa vie où il n'a pas trouvé auprès de membres du clergé la compassion et la charité chrétienne auxquelles il pouvait s'attendre. Comme ce responsable de la chorale qui, lorsqu'il était adolescent, l'a giflé à plusieurs reprises devant tous les élèves, l'humiliant sans raison. Ou cet autre qui a crié au démon, en le voyant habillé en short au sanctuaire de Notre-Dame-du-Cap, et qui l'a obligé à quitter les lieux. Et ce prêtre, auquel il confiait qu'il se livrait à la masturbation, qui n'a rien trouvé de mieux à lui dire qu'à son avis il allait un jour violer des enfants! Des souvenirs poignants qui ne l'empêchent toutefois pas de continuer à chercher réconfort auprès de l'Église.

Le jour de Noël, il a remis une carte de bons vœux au curé de sa paroisse, une carte qu'il n'a même pas signée de son nom. Il y a écrit : « Je suis à la fois sur la croix et dans la crèche » et lui a demandé de la déposer sur l'autel. Angoissé, déprimé, Gilles tombe malade. Une grippe qui dégénère. De la fièvre, des tremblements, la sensation d'avoir des lames de rasoir dans la gorge. Il suppose qu'il fait une pneumonie. Il n'a aucune énergie pour se soigner et pense qu'il va mourir. Il est seul, sans famille. Il se sent abandonné de tous.

Au début du mois de mai, c'est vers les religieux du monastère d'Oka — où il a déjà trouvé la paix après sa cure de désintoxication — qu'il se tourne en leur décrivant sa misère morale. Par retour du courrier, il reçoit ce mot : « Vous traversez en ce moment une période difficile, mais n'oubliez pas qu'après les gros orages et les grandes tempêtes, le soleil réapparaît toujours! À chaque jour suffit sa peine. Sans trop raisonner ni sur l'avenir, ni sur le passé, essayez de regarder Dieu avec confiance, comme un père qui nous mène dans le moment présent, comme par la main. Quand on est bien abandonné à Dieu, tout ce qu'on fait est bien fait, sans beaucoup de choses. Offrez-lui vos tentations de tous les jours. Que Jésus, qui n'a pas promis de nous enlever nos épreuves, vous donne "Sa Paix et Sa Joie". Bon courage. »

Toujours au début du mois de mai, dans un appel au secours ultime, il s'est adressé au Saint-Père, à Rome. En réponse à sa lettre, il a reçu un court message de la Secrétairerie d'État du Vatican. « [Le] Saint-Père [...] comprend vos préoccupations. Chaque jour, le pape confie au Christ et à la Vierge ceux qui connaissent l'épreuve physique ou morale. Il unit donc vos intentions à toutes celles qui lui sont recommandées, et il vous bénit de grand cœur. »

Ces marques d'encouragement et de soutien ne suffisent pas à calmer sa détresse. Tout comme il ne trouve plus de repos dans l'alcool. Il sait fort bien que, si la bière apporte un répit temporaire à sa douleur, boire ne constitue en rien une solution à ses problèmes. C'est peu de temps après qu'il prend le chemin des plaines d'Abraham pour se suicider.

CHAPITRE VII

Un travail reconnu

Voici ce que Gilles confie dans son récit à ses amis de l'Archipel d'Entraide — cet organisme de la côte d'Abraham dont il a eu la vision : enfance perturbée, misère affective et alcoolisme. Il ne mentionne pas le fait qu'il a été violé. Il n'est pas encore prêt à en faire état. Il leur parle cependant longuement de sa foi en la Providence et de ce qui l'a mené jusqu'à eux pour trouver enfin sa mission.

En préambule, il écrit : « Si, aujourd'hui, j'ai accepté de répondre aux questions de Nicole et d'écrire ce qui suit, c'est pour me démystifier aux yeux de beaucoup de monde. Je ne suis pas un saint et je ne suis pas un ange. J'espère que mon histoire ne choquera personne et qu'on saura y découvrir ce qui est important dans ma vie : l'Amour de Dieu, l'Amour du prochain, la Charité ainsi que la nécessité de l'union à la Trinité et la prière constante. »

Si son histoire peut effectivement étonner et troubler bien des gens, pour d'autres elle est un écho de leurs propres difficultés. Comme pour Claude, un bénévole de l'Archipel qui n'arrive pas à se débarrasser de son alcoolisme ; quand il ne peut résister à la tentation, il disparaît pendant quelques jours. Gilles est ému par cet homme qui se donne sans compter quand il est à jeun. Il tient à lui donner confiance en sa capacité de cesser de boire. « Une bonne fois, je lui ai dit : “Le jour de ta fête, je vais prier pour toi d'une façon très spéciale.” Cette journée-là, quand il s'est réveillé le matin, il n'avait plus le goût de boire. Je l'ai revu encore dernièrement et, depuis ce temps-là, il ne boit plus du tout. »

Il y a aussi la fille de Claude, Nathalie, qui voue une admiration sans borne à l'infirmier. Enceinte, elle lui demande de l'accoucher à domicile. « J'avais déjà travaillé dans les salles d'accouchement. J'étais prêt à le faire mais avec l'aide d'un médecin. Quand elle a passé une échographie, ils ont vu qu'elle attendait des jumeaux. Alors, je lui ai dit : “Nathalie, c'est pas chez vous que tu vas accoucher, c'est à l'hôpital.” Mais elle y tenait. C'est son père qui l'a finalement convaincue de changer d'idée. Quand elle a eu ses premières contractions, Claude m'a appelé sur ma pagette. Nathalie était tellement heureuse de me voir arriver dans la salle d'accouchement. Elle m'a pris la main et m'a demandé de rester à côté d'elle. J'ai vu le premier bébé sortir, et puis le deuxième. Elle m'a demandé de couper le cordon ombilical. Je lui ai répondu que ça appartenait à son père. Nathalie, c'est une belle histoire que j'ai vécue avec elle. Mais une histoire qui finit mal. Plus tard, elle est retombée dans la drogue et la prostitution. Et les bébés ont été placés chez des parents. »

Saint-Roch, un milieu de grande misère humaine où Gilles rencontre également Angéline qui, en plus d'être atteinte de la maladie d'Alzheimer, souffre de troubles cardiaques. Soignée par l'équipe de gériatrie de l'hôpital Saint-François d'Assise, elle est déterminée à demeurer dans son appartement. « Quand je suis arrivé chez elle, j'y suis allé sur la pointe des pieds. Je ne savais pas encore quels étaient ses besoins. Je me suis aperçu qu'il y avait deux hommes qui l'exploitaient. Quand son chèque arrivait, ils la faisaient boire. Après, ils lui prenaient son argent du mois. Elle n'en avait plus pour s'acheter à manger. Alors là, je l'ai prise en main. Je me suis débarrassé des deux hommes. Est-ce que j'ai appelé la police ou si je me suis simplement fâché ? Je ne m'en souviens plus. Angéline, c'est douze à quatorze fois par jour que j'allais la visiter pour lui donner ses médicaments, pour la nourrir, pour m'occuper de son ménage, de son chien. » Gilles accompagnera ainsi, jusqu'à son décès en décembre 1998, cette femme en qui il retrouve une mère.

Ou encore, Estelle, une sans-abri que Gilles gardera pendant des années sous son aile protectrice. Du printemps à l'automne, elle arpente le quartier. L'infirmier la croise régulièrement et s'assure qu'elle se porte bien. Quand arrive le temps froid, il demande à la cour une ordonnance pour obliger Estelle à se loger à la Maison de l'Auberivière pour la durée de l'hiver. Les années passant, l'état de santé de l'itinérante se détériore. « Elle faisait tellement d'arthrite, d'arthrose. Et il y a tellement de criminalité dans le quartier que j'avais peur pour sa vie. J'avais vraiment peur de la retrouver morte. Il fallait alors que je prenne une grave décision : celle de l'emmener dans un hébergement pour le reste de sa vie. » Ce que Gilles se résigne à demander et qui lui sera accordé par la cour.

Avec l'aide de policiers, comme chaque année, il part à sa recherche dans le quartier. Il la trouve assise sur un banc du Mail Saint-Roch. Accoutumée à lui, elle accepte de l'accompagner, pensant aller à l'Auberivière. Quand elle constate que la voiture prend une autre direction, Estelle s'affole. L'infirmier réussit à l'apaiser. À leur arrivée à la nouvelle maison, Gilles lui donne un bain et l'épouille. C'est une femme méconnaissable, belle, toute transformée par les soins et de nouveaux vêtements, qui apparaît aux autres pensionnaires de l'établissement.

Cet épisode a été capté par les caméras de l'émission de télévision *J.E.* qui suivent l'infirmier dans son travail depuis quelques jours. Peu après la diffusion de ce reportage, l'émission a reçu deux appels téléphoniques de parentes d'Estelle. Depuis des années, elles recherchaient cette ancienne travailleuse d'hôpital qui avait disparu après avoir subi un grand choc lors de l'incendie de sa maison. *J.E.* décide de suivre le dossier, assume les frais du déplacement des parents jusqu'à Québec, et est témoin des retrouvailles. Une scène fort émouvante où l'on peut voir Estelle reconnaître sa famille et s'éloigner en disant « non, non, non ».

Le travail de Gilles est de plus en plus connu, et les médias s'intéressent à lui. Ce qui n'est pas sans lui causer certains ennuis. Comme ceux qu'il connaît avec cette fonctionnaire de l'assurance-emploi qui lui dit, quand il réclame des prestations en retard depuis sept semaines : « Ce ne sont pas les journalistes qui vont vous faire vivre. » Et qui continue de plus belle : « Vous savez, monsieur Kègle, maintenant vous êtes connu par la télévision. On sait ce que vous faites. On le sait que vous n'êtes pas disponible pour le travail. »

Des tracas avec des fonctionnaires, il en connaît d'autres lorsque décède l'un de ses patients, prestataire de la Sécurité du revenu. « Là, je me suis mis les pieds dans les plats. Quand il est mort, j'ai rejoint sa famille qui habitait au Lac-Saint-Jean. Ils m'ont demandé d'organiser les funérailles. Je savais qu'il avait droit à 2 500 $ pour l'enterrement. Alors j'ai fait toutes les ententes avec le salon funéraire. Mais je n'avais pas le droit de le faire. Il fallait que ce soit la famille qui signe. Le bien-être social n'a pas voulu me rembourser. Alors, j'ai payé le salon de ma poche, à coup de 100 $ par mois. J'en ai arraché. Mais j'apprenais. »

Entièrement dévoué à ses patients, Gilles ne consacre que peu de temps à sa propre santé. Envoyé à la salle de repos, après avoir subi, sous anesthésie locale, l'ablation d'une tumeur bénigne à la tête, il préfère se rhabiller, sauter sur sa bicyclette et aller voir ses patients. Comme il le fait après une chute sur la glace, toujours à vélo, même en plein hiver. Alourdi par son sac à dos, il tombe et se fracture plusieurs côtes. « Ça m'a fait mal.

J'ai crié. Mais j'ai pris mon courage à deux mains. J'avais un bain à donner. C'est seulement après que je suis allé voir le médecin qui m'a prescrit des médicaments. Je ne les ai même pas pris, ces médicaments. »

Son repos, c'est auprès de la sainte Trinité qu'il le trouve, dans une communication constante avec Dieu auquel il s'adresse dès qu'il est seul. Sa force de continuer, il la tire de sa volonté de Le servir, de l'amour qu'il manifeste dans chacun des gestes qu'il accomplit en venant en aide à ceux qui en ont besoin. « Je donne ma vie entièrement aux démunis. Quand je finis de travailler le soir, je suis au bout de mes forces. Si j'arrivais à la maison et que je n'étais pas épuisé, je retournerais travailler. »

Pour un travail exceptionnel

Une telle détermination et un tel dévouement incitent Ronald Beaudet, un autre infirmier auxiliaire, à présenter la candidature de Gilles pour le prix d'excellence Charlotte-Tassé. Ce prix est décerné par l'Ordre des infirmières et infirmiers auxiliaires du Québec pour souligner le travail exceptionnel d'un de ses membres. C'est par les reportages à la télévision qu'il a connu celui de Gilles.

Dans la lettre de candidature, Ronald Beaudet, après avoir décrit le travail de Gilles auprès des démunis, écrit : « Le code de déontologie des infirmières et infirmiers auxiliaires prévoit entre autres que "le membre doit s'acquitter de ses devoirs professionnels avec intégrité" et qu'"il doit faire preuve d'une disponibilité et d'une diligence raisonnables". Enfin, il "doit subordonner son intérêt personnel à celui de son patient". Il apparaît évident que Gilles Kègle dépasse largement les devoirs et obligations de notre profession. Ainsi, son inlassable travail auprès des démunis de la ville de Québec place Gilles Kègle dans une classe à part. Il m'apparaît évident que M. Kègle est le candidat tout désigné au prix Charlotte-Tassé pour l'année 1994-95. Ayant déjà fait l'objet de nombreux reportages tant au niveau de la presse écrite qu'électronique, M. Kègle continuera de faire rejaillir sur la profession et sur tous ses membres sa fierté de soigner en tant qu'infirmier auxiliaire. »

À sa lettre, monsieur Beaudet joint des témoignages, entre autres, ceux de Maurice Couture, l'archevêque de Québec, du conseiller municipal Réjean Lemoine et de membres du personnel d'organismes du quartier Saint-Roch.

Il informe Gilles du dépôt de sa candidature au début de l'année 1995, en même temps qu'il le prévient qu'il y a plusieurs autres postulants. Gilles a peu d'espoir de voir retenir la sienne. « Pourquoi ce serait moi, un marginal ? » se dit-il. Les mois passent. Pas de nouvelles. Gilles en vient à oublier les démarches entreprises. C'est pourquoi il ne se doute de rien quand, au mois de mai, Ronald l'invite à l'accompagner dans un restaurant ; devant plusieurs amis réunis pour l'occasion, il annonce que Gilles est le lauréat du prix.

« Essayez de vous imaginer ma réaction. Depuis que j'avais quitté l'hôpital Sainte-Thérèse, depuis que j'avais commencé mon travail à Québec, je continuais à recevoir ma licence chaque année. Chaque fois, je me posais des questions : Qu'est-ce que les autres infirmiers auxiliaires pensent de moi ? Est-ce qu'ils me voient comme une personne à part ? Qu'est-ce qui se passerait si je faisais une gaffe ? Là, c'était une récompense qu'on m'offrait. C'était gros pour moi. L'Ordre des infirmiers, c'était pas juste le monde de Saint-Roch. »

La semaine suivante, c'est par *Le Soleil* qu'il apprend qu'il recevra le mérite municipal qui lui est conféré « dans le but de souligner la qualité exceptionnelle de son engagement dans la municipalité ».

Au cours de la soirée de remise de ce prix, comme lorsqu'il se rend à Saint-Hyacinthe pour recevoir celui de l'Ordre, Gilles est gêné d'être mis sur la sellette. Lui qui a toujours eu de la difficulté à parler, même devant quelques personnes, est applaudi et doit prononcer un discours. Les honneurs, les galas, les banquets le mettent aussi mal à l'aise. Il pense sans cesse à ses protégés qui doivent se serrer la ceinture. À Saint-Hyacinthe, une fois terminée la cérémonie de remise des prix, il se réfugie dans sa chambre d'hôtel et passe la soirée au téléphone pour s'informer de leur état.

Ce sera quelques semaines plus tard, au mois d'août, qu'il se débarrassera de sa gêne de parler en public. « On m'avait invité à aller chez les sœurs du Bon Pasteur. Elles voulaient me remettre un don. Je pensais bien qu'elles voudraient que je leur parle de mon travail. Je m'attendais à en rencontrer quatre ou cinq. Je me suis retrouvé devant une salle de quatre cents religieuses. J'ai fait demi-tour et j'ai dit à celle qui était avec moi que je n'étais pas capable de parler en public. Elle m'a dit : "Écoutez, allez en avant, elles veulent simplement vous voir." Je me suis avancé sur l'estrade. J'étais tellement mal. Tout ce que j'ai pu dire c'était : "Regardez-moi." Là, j'étais mal pris. Finalement, je leur ai demandé de me poser des questions. C'est comme ça que j'ai débloqué. Depuis ce temps-là, je parle, je donne des conférences. »

Une fondation

Avec l'argent recueilli chez les sœurs du Bon Pasteur, quelques centaines de dollars, Gilles rembourse une partie de ses dettes au salon mortuaire et achète des médicaments pour ceux de ses patients qui ne peuvent se les payer. Et que l'Archipel d'Entraide, toujours dans une situation financière précaire, ne peut assumer.

L'organisme doit déployer des trésors d'imagination pour maintenir ses services aux marginaux avec des revenus de plus en plus maigres. D'autant plus qu'on s'attend à ce que les subventions gouvernementales soient encore réduites. S'ils ont accueilli

Gilles et ses patients avec enthousiasme, ils ne peuvent pour autant le soutenir financièrement.

Une idée commence à germer : puisque Gilles commence à être connu et que son travail inspire la sympathie, pourquoi ne pas créer une Fondation Gilles-Kègle qui ferait appel au grand public ? Robert Fleury, le journaliste du *Soleil* et ami de Gilles, avec l'aide de la directrice de l'Archipel, amorce les démarches d'enregistrement de raison sociale et d'obtention d'un acte constitutif, au début de l'année 1996.

Gilles aborde d'ailleurs le sujet d'une fondation avec le ministre de la Santé et des Services sociaux, Jean Rochon, au cours d'une rencontre qui se tient en janvier. « Une rencontre qui m'a tellement déçu. Je lui ai expliqué mon travail. Il m'a dit qu'il m'admirait beaucoup. Il m'a posé beaucoup de questions sur mon passé dans les hôpitaux, sur ce qui arrivait avec les personnes âgées en perte d'autonomie. Mais quand je lui ai demandé deux ans de subvention pour l'Archipel, il m'a dit qu'il ne pouvait rien faire. Quand je lui ai dit que le bien-être social m'enlevait de l'argent sur mon chèque parce que je n'étais pas disponible pour le travail, là aussi il m'a dit qu'il ne pouvait rien faire. Alors que je sauvais des millions de dollars au gouvernement depuis des années. Je suis parti déçu, très déçu. »

Et inquiet. Ses prestations d'assurance-emploi épuisées, il avait dû, encore une fois, avoir recours à l'aide sociale. Et, encore une fois, il avait été menacé par une agente. « Je me souviens de sa dernière phrase : “Monsieur Kègle, on vous enlève encore 100 piastres sur votre chèque. Pis on va vous enlever 100 piastres par année jusqu'à ce qu'il n'en reste plus.” Je lui ai répondu : “Dieu seul m'arrêtera.” Je lui ai répété trois fois. Je savais ce que j'avais à faire pour ceux qui avaient besoin de moi. Je me suis dit que je m'en foutais d'être mis à la rue, seul avec mes chats. Le public me connaissait maintenant. J'étais prêt à faire un scandale. »

Quand l'Archipel convoque, le 10 avril, une conférence de presse pour protester contre les nouvelles compressions budgétaires, Gilles prend la parole. « Je parle pendant une demi-heure. Et ça écrit, ça écrit. Les radios et la télévision aussi sont là. Je leur dis tout ce que je fais depuis tant d'années pour soulager la misère. Tout ce que je sauve comme argent au gouvernement. Ce que je demande, c'est qu'on ne coupe pas les subventions aux organismes. À un moment donné, Robert Gillet, du FM 93, aperçoit sur le mur une affiche où il est écrit Fondation Gilles-Kègle. Il me demande ce que c'est. Je lui ai répondu que c'était pour venir en aide à l'Archipel. Que c'était aussi pour assurer la suite de ce que je faisais. Il m'a répondu que ça n'avait pas de bon sens que je sois sur le bien-être social. Qu'il fallait me sortir de là en premier. »

Le lendemain matin, Robert Gillet lui fait passer une entrevue en direct à la radio et lui apprend que vient de débuter un radiothon, une campagne de financement. L'animateur demande à ses auditeurs de se cotiser pour assurer un revenu décent à l'infirmier. La réponse est immédiate. Près de 15 000 $ sont amassés en quelques heures. Dès le lendemain, l'événement est connu dans toute la ville. Et c'est devant les caméras de télévision que Gilles s'engage à ne plus avoir recours à l'aide sociale. La ministre responsable, Louise Harel, avertie par les médias du sort qui a été réservé à l'infirmier par ses fonctionnaires, le joint au téléphone pour lui présenter ses excuses. « Elle m'a invité à aller souper avec elle. J'ai refusé. Je lui ai dit que le mal était fait. C'est tout ce que j'avais à lui dire. »

Gilles est assuré d'un revenu pour l'année. Délivré des soucis matériels, il peut maintenant se consacrer entièrement à ses patients. Ce même jour, les lettres patentes de la Fondation Gilles-Kègle sont dans le courrier.

Une fondation qui a, au départ, un double mandat : venir en aide à l'Archipel et subvenir aux besoins de Gilles et de son travail. Ce que ces initiateurs ont en tête, c'est de constituer un fonds de plusieurs centaines de milliers de dollars qui génère suffisamment de revenus d'intérêts pour assurer un salaire raisonnable à Gilles et venir en aide à l'Archipel. Mais la réalité est autre. Le montant recueilli permet tout juste à Gilles de ne plus recourir à l'aide sociale. « Évidemment, explique Robert Fleury, l'Archipel avait d'énormes besoins financiers. Et ils avaient mis beaucoup d'énergie dans les dernières années pour aider Gilles. Ils s'attendaient à un retour du balancier. On était conscients qu'il fallait leur donner une part de l'argent recueilli. » Cette ambiguïté dans le rôle de la fondation apportera plus tard son lot de tensions.

Les premiers administrateurs qui y sont nommés sont également le reflet de ce double mandat. Siègent, entre autres, la présidente et la coordonnatrice de l'Archipel, Lucie Deshaies et Pierrette Thibault, des personnes qui ont aussi comme mandat de s'assurer de la bonne gestion de l'Archipel. Robert Fleury en est également membre, tout comme Marc Provost, un comptable dont le nom a été proposé par Robert Gillet. Ce dernier, puisqu'il avait été l'initiateur de la campagne de financement, avait tout naturellement été invité à devenir administrateur de la fondation. Une offre qu'il a déclinée, préférant en confier l'administration à des gens qu'il juge plus compétents. C'est pourquoi il a contacté l'Ordre des comptables agréés du Québec pour qu'on lui suggère le nom d'un de ses membres susceptible d'assurer une bonne gestion des fonds.

CHAPITRE VIII

De nouveaux apôtres

Le radiothon et tout le battage médiatique qui l'entoure a, en plus de l'argent recueilli, d'autres effets. Les propositions affluent : des organismes veulent remettre en personne un don à l'infirmier, des journalistes désirent mener des entrevues en profondeur. Et les jeunes aussi veulent le connaître.

« Depuis ce temps-là, j'ai donné des centaines et des centaines de conférences. Les jeunes voulaient me rencontrer. Ils m'avaient vu à la télévision. Ils savaient ce que je faisais comme travail. Ils trouvaient ça extraordinaire de pouvoir discuter avec un infirmier qui avait tout abandonné et qui consacrait toute sa vie aux plus pauvres, aux plus démunis. Cela les impressionnait. Avec leurs professeurs, ils venaient à l'Archipel et je leur parlais. J'avais encore de la difficulté devant un public. Au début, je parlais très peu de ma vie. Je leur racontais comment j'avais commencé à Québec, mon désespoir, ma tentative de suicide. Je ne leur disais rien de mon enfance. Ce qui les intéressait, c'était mon travail, mes malades. Pour moi, ça, c'était facile. Je parlais pendant une demi-heure. Après ça, je leur disais de me poser des questions. »

Des jeunes qui ne veulent pas qu'entendre des paroles. Ils veulent également agir. Deux professeurs du Petit Séminaire de Québec, Roger Boisvert et Jacques Pettigrew, créent les « samedis Gilles-Kègle ». Une dizaine de jeunes, accompagnés de ces deux professeurs, vont faire le ménage chez des patients. Trois jeunes filles se rendent chez Angéline. « Aller chez elle, c'était assez impressionnant. Ça sentait l'urine dès qu'on entrait dans la maison. Elle ne voulait pas porter de couches. Quand on lui en mettait, elle les arrachait. En plus, elle était incapable de marcher, il fallait la porter pour la déplacer. Les jeunes filles se sont mises à pleurer, toutes les trois. C'était trop pour elles. Elles n'étaient pas capables de voir ça. Je leur ai dit que ce n'était pas grave. Que c'était normal. Que si elles voulaient revenir, la prochaine fois, elles iraient voir quelqu'un de plus autonome. » Afin de le remercier de leur avoir fait vivre des expériences inoubliables, les étudiants du Petit Séminaire offrent une bicyclette neuve à l'infirmier.

Certains ont découvert leur vocation à cette occasion. Pendant un an, Madeleine participe à ces samedis. En 2004, elle termine ses études de médecine et continue à visiter régulièrement les malades de l'infirmier. Gilles a peut-être suscité d'autres vocations au cours de rencontres avec des étudiants de Québec et des environs, comme La Pocatière, Sainte-Croix de Lotbinière, qui viennent le rencontrer à l'Archipel. Devant divers groupes : élèves du secondaire d'écoles privées comme publiques, ou du collégial, ou encore des groupes de scouts. À l'occasion de toutes sortes d'événements : des confirmations, les fêtes de Noël ou de Pâques. Des jeunes qui lui écrivent aussi. Parfois des lettres de tous les étudiants d'une classe acheminées par le professeur ou l'animateur de pastorale. Souvent, aussi, des lettres individuelles. Quelquefois des appels au secours. Maintenant, près de mille par an. Et l'infirmier prend le temps de répondre à chacun de ses correspondants.

Élizabeth Hinton, qui travaillera quelques années plus tard

en étroite collaboration avec Gilles, était étudiante en soins infirmiers au cégep lorsqu'elle a lu un article sur lui. Comme des centaines de jeunes, elle a proposé à son professeur de faire de lui l'objet d'une recherche. « Gilles représente un modèle à suivre. Il est très humble et fait son travail sans rien demander en retour. Il n'est pas égoïste, ni possessif. Il a des rêves qu'il réalise. Ce qui nous donne de l'espoir à nous, les jeunes, parce qu'on se décourage parfois. En plus, aux jeunes du quartier défavorisé où il travaille, il donne une image positive. Il montre tout ce qu'on peut faire de bon avec ce qu'on est. Que ce qui est important, c'est de donner de ton cœur et non de ton portefeuille. »

Un message qu'il répète aussi à des étudiants en pharmacie de l'Université Laval. Mario Fiset, qui a assisté à cette conférence, décrit ainsi leurs réactions : « Gilles leur a expliqué simplement ce qu'il faisait tous les jours. Il leur a parlé des cas qu'il rencontrait. Les étudiants ne pensaient pas que ça pouvait exister ici, dans une grande ville comme Québec, dans un pays avec un système de santé public gratuit. Ça leur a ouvert les yeux. Ça les a amenés à comprendre l'importance de respecter les gens dans ce qu'ils sont, peu importe leur catégorie sociale. »

Des causeries de ce genre, c'est près d'une vingtaine par an que Gilles prononce en 1996 et en 1997. Des engagements qu'il a à cœur d'honorer tout en continuant à répondre aux besoins de tous ceux qui s'adressent à lui. Durant la même période, Gilles a effectué quatorze mille visites à domicile, soit près de quarante par jour. Des visites pour effectuer des soins de santé comme d'hygiène personnelle ou s'occuper des animaux et des plantes. Des occasions également de nettoyer les logements, de préparer à manger ou de faire la lessive. En plus de faire les courses ou d'accompagner les malades chez le médecin ou à d'autres rendez-vous. Des activités en quelque sorte mesurables, alors que le réconfort qu'il apporte aux personnes esseulées ne peut, lui, être calculé.

Quand la fondation fait appel au public pour une deuxième

campagne de financement, le 1er mai 1997, la réponse est très généreuse. Le journal *Le Soleil* s'est joint au FM 93 pour l'organiser. Grâce à cette collaboration, le radiothon se transforme en collecte de rue. Cent cinquante bénévoles participent à cette journée qui rapporte plus de 50 000 $. Des employés du *Soleil,* de la Ville de Québec, de la Communauté urbaine de Québec comme des étudiants de l'Université Laval, du Petit Séminaire, du couvent des Ursulines et de l'école Cardinal-Roy.

Robert Fleury explique ainsi la réussite de la collecte : « Les gens connaissaient Gilles par les médias, parce que son histoire avait circulé. Quand Gilles raconte dans les entrevues qu'il fait des ménages, des commissions, qu'il lave les personnes, qu'il leur coupe les ongles, tout le monde peut s'identifier à ce qu'il fait. C'est très concret. Tout le monde peut distinguer dans sa famille, dans son entourage, des personnes qui pourraient nécessiter de tels soins. Alors, quand on demande de l'argent, les gens disent : "Si c'est pour Gilles, oui on donne !" Des vingt dollars. Des cinquante dollars. »

Les Missionnaires de la paix

Au-delà du soutien financier, d'autres désirent s'engager personnellement. « Depuis plusieurs mois, il y avait des gens qui me disaient qu'ils voulaient m'aider. Il y avait une religieuse, une dominicaine, sœur Gisèle Turner. Il y avait Brigitte aussi, Julie, Manon, Clifford, Marcel. Des gens qui étaient prêts à faire du bénévolat. Mais moi, je ne savais pas comment m'y prendre pour les organiser. Je n'avais pas le temps. Je travaillais 18 heures par jour. Tranquillement, j'ai commencé à partager avec eux les visites chez Angéline où je devais aller 12 à 14 fois par jour. On se rencontrait souvent chez elle. Au début, je voulais qu'on se rencontre à l'Archipel. Mais ils ne se sentaient pas bien là. »

Ce n'est pas qu'ils y soient mal accueillis. Mais la tension créée par l'ambiguïté du mandat de la fondation se fait sentir. L'Archipel, qui a contribué à la créer, n'a pu en bénéficier pour régler ses problèmes financiers. Et ses dirigeants consacrent encore une bonne partie de leur énergie à la gérer. Et à administrer l'argent chaque semaine. C'est à eux que Gilles doit s'adresser pour payer un médicament ou se faire rembourser le prix d'un taxi. Il commence à s'y sentir à l'étroit.

Cela fait près d'un an que la température monte dans le petit local de l'organisme. Et puis, un vendredi, Gilles se décide : il va former une équipe avec ces bénévoles. Ce sera sa relève. Pourquoi à ce moment-là ? La veille, à la pharmacie où il est allé se procurer des médicaments pour un patient, la préposée lui a demandé d'aller visiter une femme qui est très malade. « Je ne pouvais pas y aller ce soir-là. J'avais fini de travailler à minuit. J'étais épuisé. Le lendemain, je me suis rendu chez elle. Elle était morte. Je me sentais coupable de ne pas y être allé la veille. Je me disais qu'elle ne serait pas morte si j'y étais allé. C'est là que j'ai décidé de faire ma relève. Je n'avais pas le choix. Et j'ai appelé les six qui voulaient m'aider. »

Le même jour, le 5 septembre 1997, Gilles reçoit un message sur son téléavertisseur pendant qu'il est en route pour aller donner le bain à un patient. C'est une journaliste de la télévision qui lui demande d'exprimer ses réactions à l'annonce de la mort de mère Teresa. « Je ne savais pas qu'elle était morte. Elle me l'apprenait. Je me suis mis à pleurer. Les gens connaissaient l'histoire de ma rencontre avec mère Teresa. Ils savaient comment elle avait été un modèle pour moi. C'est pour ça qu'ils voulaient m'avoir dans leurs émissions. J'en ai fait plusieurs à Québec. Puis on m'a demandé de descendre à Montréal pour aller en faire une autre à TVA. En revenant, dans l'autobus, je pensais à tout ça : à mère Teresa, à mon travail, à mon équipe. Tout à coup, j'ai entendu très fort, dans ma tête : "Les Missionnaires de la paix". C'est le nom que j'ai donné à mon équipe. »

Une équipe pour laquelle il choisit aussi une devise : Aimer, servir et laisser faire le Tout-Puissant. « C'est pour dire à mes bénévoles que l'important, c'est d'aimer. Aimer notre travail, aimer les gens, avoir beaucoup de respect pour eux, être fidèles. Servir, ça veut dire leur donner les meilleurs soins. Le faire pas seulement pour soi, pas seulement pour l'autre, mais aussi le faire selon notre foi. Et toujours s'accrocher au Tout-Puissant. »

La Maison de la rue du Pont

Toujours fréquemment sollicité par les médias pour des entrevues, Gilles leur annonce la création de son équipe. Il profite aussi de ces occasions pour mentionner qu'il est à la recherche d'un local dans le quartier Saint-Roch.

Presque tous les jours, Gilles passe avec Marcel, un bénévole, dans la rue du Pont. L'infirmier se sent attiré par une maison abandonnée et placardée. Tellement qu'il en parle chaque fois avec lui. Ce dernier lui répond immanquablement que la fondation n'est pas assez riche pour l'acheter. Les mois passent et Gilles ressent toujours la même attirance.

« Une journée, j'étais dans le Mail Saint-Roch avec Marcel. Deux hommes sont venus me voir et m'ont demandé si j'avais trouvé un local. Je leur ai dit qu'on cherchait toujours. Ils m'ont offert de m'aider. Je leur ai expliqué que je voulais la maison de la rue du Pont, l'ancienne quincaillerie Villeneuve. » L'un des deux hommes est en relations avec l'Industrielle Alliance, propriétaire de la maison. Il prend contact avec la compagnie qui dit envisager d'en faire don à la fondation. Environ deux semaines plus tard, une visite des lieux est organisée.

« Le conseil d'administration, mon équipe, tout le monde, on était regroupés devant la maison. Moi, j'avais hâte que la femme de l'Alliance ouvre la porte. Quand elle a été ouverte, on a vu que tout était brisé en dedans. La présidente de la fondation a fait le tour. Elle m'a dit : "Gilles, c'est une piquerie ici. Il y a des seringues partout. Il n'est pas question qu'on prenne cette maison-là." Moi, j'étais tout démoli. Robert Fleury m'a emmené avec lui. On a pris l'escalier pour monter au deuxième étage. Rendu en haut, quand il a vu les dégâts, Robert s'est mis à sacrer. Je suis sûr qu'il n'avait jamais sacré de sa vie avant. Il m'a dit que c'était triste mais qu'on ne pouvait vraiment pas prendre la maison. C'était trop magané. Quand je suis redescendu, les gens du conseil d'administration ne m'ont même pas regardé. Parce qu'ils savaient comment je me sentais. Eux, ils sont partis. Moi, je suis resté avec mon équipe. Et là, je me suis mis à pleurer. La femme de l'Alliance nous a dit de la rappeler si on changeait d'idée. Cette journée-là, j'ai été triste, comme jamais je ne l'avais été dans ma vie. »

Au sortir de la visite, Robert Fleury se fait insistant auprès des autres administrateurs. Pourquoi ne pas demander une évaluation du coût des travaux ? Il pourrait demander à l'un de ses amis, Louis Fortier, un maître électricien de métier qui connaît bien le domaine de la construction.

Louis Fortier est une figure bien connue du quartier Saint-Roch. Également artiste peintre et sculpteur, il a entrepris, en 1991, de nettoyer et de fleurir un terrain vague. Grâce à sa détermination et à sa capacité de rallier ses concitoyens à sa cause, l'Îlot Fleurie est devenu, pour les plus démunis, le symbole de l'espoir de vivre dans un environnement décent et l'élément déclencheur de la revitalisation du quartier.

Quelques jours plus tard, Robert Fleury appelle Gilles. Le diagnostic de Louis Fortier ? La structure d'ensemble de la maison est solide. Ce qu'il faut refaire, ce sont les cloisons, la tuyauterie. Des travaux qui coûteront une dizaine ou une quinzaine de milliers de dollars. Les administrateurs hésitent à utiliser l'argent recueilli auprès de la population pour payer les rénovations. Mais Louis Fortier est convaincu qu'il peut retaper la maison à peu de frais avec l'aide d'une dizaine de bénévoles. Convaincu et convaincant. Les administrateurs acceptent de s'engager, une entente est négociée avec l'Industrielle Alliance, la donation officialisée.

Une nouvelle visite est organisée lorsque la fondation prend possession de la maison. Catastrophe ! Elle a été à nouveau squattée. Cette fois, les dégâts sont importants : la toiture est à refaire et, de plus, les pluies du printemps ont causé de nouveaux dommages. Les rénovations demanderont le double du coût prévu initialement. Mais le processus est enclenché, et Gilles est convaincu que la Providence lui procurera l'argent nécessaire. Sœur Gisèle et Brigitte ne viennent-elles pas de trouver 3 000 $ camouflés dans la doublure de la vieille valise d'un sans-abri décédé ? La somme sera utilisée pour lui payer des funérailles décentes.

Le 16 mai, les travaux débutent. En moins de deux semaines, ils sont suffisamment avancés pour que le rez-de-chaussée soit habitable une fois le toit réparé. Le budget ne permet pas de rénover l'étage supérieur. « On a commencé par mettre tout ce qui était brisé dans des containers. J'avais demandé à des personnes, des "gros bras" de la paroisse, de nous aider. Je leur disais : "On n'est pas riches. Je ne peux pas vous donner d'argent. Mais aidez-moi. On va vous payer vos repas." On s'est ramassés avec peut-être une vingtaine de bénévoles. Louis avait amené du monde avec lui aussi. Ça se faisait tellement vite, tellement bien. J'avais trouvé quelqu'un pour faire les murs. Alors les murs se faisaient. Ensuite, d'autres, qui avaient déjà fait de la tuile, ont fait la tuile. Il est même arrivé un peintre qui s'offrait à faire toute la peinture, gratuitement. »

Les murs montés, les planchers refaits, les armoires installées, on branche poêle, frigidaire, laveuse, sécheuse. Tout est prêt pour l'inauguration et la bénédiction de la maison le 28 mai. Une journée choisie au hasard par les administrateurs qui ignorent qu'il s'agit de la date anniversaire du début du travail de Gilles à Québec, 12 ans auparavant.

L'événement ne passe pas inaperçu. Encore une fois les

médias en font leurs manchettes. Contribuant ainsi au succès de la campagne de financement du 5 juin suivant, où plus de 100 000 $ sont recueillis. Toujours grâce à une collecte de rue à laquelle participent maintenant des succursales des Caisses populaires Desjardins et des pharmacies Uniprix.

Tensions

Pendant que s'effectuaient les travaux, la tension a continué de monter dans les relations avec l'Archipel, qui a toujours un besoin impérieux d'argent. Les subventions gouvernementales toujours réduites ne lui permettent plus de remplir pleinement sa propre mission de venir en aide aux sans-abri, aux toxicomanes et aux prostituées.

De son côté, Gilles, avec l'aide de ses bénévoles, a dressé un budget. Ils estiment qu'ils auront besoin de 40 000 $ par an pour couvrir les frais de la maison : électricité, chauffage, téléphone ; les coûts des soins : médicaments et pansements ; les frais de déplacement des bénévoles et le salaire de Gilles. De leur côté, les gens de l'Archipel revendiquent une partie importante des fonds recueillis. Les deux propositions sont à l'ordre du jour de la prochaine rencontre du conseil d'administration.

Pendant cette réunion, les esprits s'échauffent, des paroles dures sont échangées. La majorité des administrateurs décident de démissionner devant des arguments qui rappellent que, pour la population, les fonds recueillis sont destinés à l'œuvre de Gilles Kègle. Restent à la barre de la fondation Marc Provost, le comptable, et Mario Fiset, un pharmacien du quartier. Ils partagent le même point de vue, que ce dernier résume ainsi : « Dans le fond, c'était à lui cette œuvre-là. C'était aussi à lui de la mener comme bon lui semblait. Et on sentait bien que le lien de confiance avec l'Archipel était rompu. Qu'il était prêt à relever lui-même le défi d'être autonome. » Pour sa part, Robert Fleury avait déjà quitté le conseil, considérant comme terminés les mandats qu'il s'était donnés de mettre sur pied la fondation et de diriger la rénovation de la maison.

Après bien des discussions, la séparation d'avec l'Archipel devient officielle. La fondation, c'est celle de Gilles Kègle. Comme la maison. Où il désire habiter. Mais l'argent manque pour l'achèvement des travaux au deuxième étage. Même chose pour le revêtement de la maison. « L'extérieur, c'était tout cimenté. Un jour, j'ai aperçu un trou dans le ciment. Je me suis mis à gratter et j'ai trouvé de la brique en dessous. Je l'ai montrée à Louis Fortier. Il m'a expliqué que probablement ça avait été cimenté parce que des morceaux de brique étaient tombés. Je lui ai demandé combien ça coûterait pour enlever le ciment. Il m'a dit que ça coûterait dans les mille piastres. J'en rêvais de la voir, cette brique-là. »

Gilles en discute avec ses administrateurs. Il sait qu'il touchera, dans les prochains mois, un héritage de plus de 20 000 $. En effet, l'une de ses patientes, en phase terminale, a décidé de lui léguer, à lui personnellement, tous ses biens. Gilles remettra l'argent à la fondation. Il voudrait bien que, en échange, la rénovation du deuxième étage et la réfection du recouvrement de la maison soient faites. On finit par s'entendre. Le ciment est retiré et révèle une belle brique venue d'Écosse qui date des environs de 1850, toujours en bon état. Ces travaux s'effectueront durant l'été, ce qui permettra à Gilles d'emménager dans son appartement à l'automne 1998.

« Mon rêve s'était réalisé. La maison était rénovée. Mais ça ne s'était pas fait tout seul. Avec beaucoup de peine, beaucoup de courage et du travail. Moi, je n'ai pas arrêté mes soins pendant ce temps-là. En plus, je m'occupais de voir à ce que tout le monde qui travaillait à la construction mange. Je pense que je l'ai fait parce que j'avais une grâce spéciale. »

La séparation d'avec l'Archipel a entraîné elle aussi son lot de stress. « Il fallait changer la charte, évidemment. Il fallait enlever l'aide à l'Archipel. Pour régler ça, il a fallu passer par un avocat, que ça aille à Ottawa. Ç'a été long, très long. J'ai vécu des grosses crises d'anxiété tout ce temps-là. J'avais peur de perdre la fondation, de perdre la maison. »

Il est tellement inquiet qu'il décide de créer une autre fondation, pour le cas où les négociations seraient infructueuses. Celle-ci, nommée la Fondation des Missionnaires de la paix, aura une courte vie. Marc Provost finira par convaincre Gilles que, en plus d'être inutile, elle risque d'entraîner de la confusion dans l'esprit du public.

Une nouvelle vie s'installe

Mais, pour les gens de Québec, une chose est sûre. Qui veut aider les démunis vient offrir ses services à Gilles. Comme ces militaires de la base voisine de Valcartier qui font une corvée d'entretien de logements. Daniel Paquet relate ainsi cet épisode dans le *Journal de Québec* du 16 décembre 1998.

« Sergent au 3e bataillon du Royal 22e régiment, Jean-Claude Drolet et ses hommes devaient s'entraîner cette semaine, avant les vacances de Noël, comme ils le font d'ailleurs le reste de l'année. Le sous-officier a obtenu de ses supérieurs de profiter plutôt de cette période pour prêter main-forte à un organisme dont les bénévoles sont débordés à l'approche des fêtes. "Je ne sais pas comment les gens de la Maison Kègle font pour vivre ça 365 jours par année. Je suis allé à Haïti et en Bosnie et j'ai vu de la pauvreté, mais je ne pensais pas voir aussi pire chez nous", a lancé un militaire, qui a avoué être passablement ébranlé par son expérience. "On nous envoie au bout du monde pour aider les autres et on voit qu'il y a parfois pire ici, a d'ailleurs confié le sergent Drolet. C'est normal que l'on aide les populations démunies à l'étranger, mais il faudrait peut-être commencer par ici." Les soldats qui ont participé à cette "corvée" en ont vu de toutes les couleurs. Une personne âgée morte depuis quelques jours, des logements tellement sales que deux militaires ont dû sortir pour prendre l'air et vomir, un sexagénaire qui leur a refusé l'accès à son pauvre domaine parce qu'il craignait qu'on ne lui vole ses maigres biens, etc. "Heureusement, il y a de beaux moments, s'est empressé d'ajouter un soldat d'une vingtaine d'années qui avait la voix tremblante d'émotion. Une vieille dame nous sautait dans les bras quand on a installé son arbre de Noël et un homme nous a remerciés au moins dix fois après qu'on a eu nettoyé son appartement. L'exercice, c'est dur, mais cette semaine a été plus dure émotivement." »

Bien sûr, Gilles accompagne ces militaires pendant les trois jours que dure la corvée. Comme chaque fois qu'il nettoie un appartement particulièrement encrassé, il souffre par la suite d'une sévère gastroentérite. Ce qui ne l'empêche toujours pas de faire sa tournée de visites à ses patients. En passant chez Angéline, il constate qu'elle souffre de troubles respiratoires aigus. Quand il lui dit qu'elle est maintenant obligée de se rendre à l'hôpital, elle lui fait signe qu'elle accepte. Elle mourra au cours de la nuit suivante à l'Hôtel-Dieu. « J'ai tellement pleuré. Ça faisait sept ans que j'allais la voir tous les jours. J'en prenais soin comme si elle avait été ma mère. J'ai pleuré comme quand Alphonse est mort. Lui qui remplaçait mon père. Depuis, je n'ai plus jamais pleuré la mort d'un de mes patients. Il faut que je continue. Il y en a tellement d'autres à aider. » C'est l'écriture quotidienne de son journal intime qui l'aide à évacuer la douleur.

Les patients meurent mais la vie continue. Et les demandes sont toujours croissantes. Certains reprochent à Gilles de créer de nouveaux besoins en s'occupant ainsi des gens. En réponse, comme l'écrit Madeleine Durand dans une édition collégiale du *Soleil*, « il serait bon tout simplement d'objecter que ce n'est pas parce que la misère se cache qu'elle n'existe pas ». D'autres, comme cet employé d'un CLSC, lui reprochent de voler des

« jobs ». « Quand je lui ai expliqué que parmi nos patients, il y avait des anciens itinérants, des gens qui ne se lavaient pas depuis des années, des gens agressifs, il a compris. Souvent aussi, ce sont des gens vulnérables. Si on n'était pas là, ces gens-là se laisseraient aller, se laisseraient mourir. Nous, on leur offre aussi notre amour. On donne un sens à leur vie. On devient une espèce de famille pour eux. C'est pour ça que c'est tellement important pour moi que les bénévoles s'engagent à être fidèles à leurs patients. »

D'autres encore font courir la rumeur selon laquelle il détourne à son profit une partie des sommes recueillies par les campagnes de financement. Le président du conseil d'administration, Marc Provost, leur réplique : « On lui donne un pauvre 250 piastres par semaine de salaire depuis cinq ans. Il en remet la moitié ou les trois quarts aux gens. » La réponse de Jeannine Vézina, qui administre au quotidien l'argent de la fondation, est encore plus vive. « Ce sont des jaloux qui disent ça. Des gens qui pensent que Gilles profite des pauvres pour se faire de l'argent. Moi, je suis ici tous les jours. Je vois ce qu'il fait avec l'argent. Maintenant, on reçoit à peu près 100 000 $ en tout par année. Cet argent-là va directement à nos bénéficiaires. Les médicaments, c'est un 10 000 $ par année. L'épicerie pour les pauvres, c'est un autre 15 000 $. Les taxis de Gilles et les passes d'autobus des bénévoles, un 10 000 $. À part ça, il y a le téléphone, le chauffage, l'entretien de la maison et l'électricité — avec les deux laveuses et les deux sécheuses qui roulent tout le temps, ça en prend de l'électricité. Et les salaires. Les salaires, on n'en a pas une tonne comme dans les autres organisations. Ici, il n'y a pas de directeur, d'adjoint au directeur, d'intervenant, d'assistant intervenant. Il y a le salaire de Gilles et celui de la réceptionniste. Deux gros 300 piastres par semaine, 250 claires. »

Les administrateurs accordent beaucoup d'importance à la bonne gestion de cet argent qui provient du public. À un point tel qu'en 1999, jugeant les réserves financières suffisamment élevées pour faire face aux besoins de l'année, ils décident de ne pas lancer de campagne. Depuis, le soutien du public a toujours été constant, tant pour la collecte de rue que tout au long de l'année, particulièrement durant la période des fêtes de Noël où la fondation peut recevoir de 15 000 à 20 000 $. Les entreprises se sont aussi mises de la partie. Comme Canac-Marquis et deux épiceries Métro de Québec avec leur tournoi de golf annuel. Depuis quelques années également, certains patients demandent qu'à leur décès des dons soient envoyés à la fondation. Gilles répond personnellement à chacun de ces donateurs. Ces correspondances font partie des quatre lettres quotidiennes qu'il écrit, le soir, quand il a terminé sa dernière tournée. Quatre lettres chaque jour, près de quinze cents par an.

D'autres protégés de la fondation décident de lui léguer une partie de leurs avoirs. Comme ce grand malade que Gilles a soigné pendant huit ans. L'infirmier relate ainsi cette histoire dans son journal intime.

« J'ai besoin de raconter quelque chose qui m'a fait très mal la semaine passée et qui me blesse encore. Il y a huit ans, on m'a confié un grand malade. Dès sa première sortie, il m'a demandé de l'accompagner pour aller à la banque. Il a mis son livret à jour et me l'a montré. Il avait environ 25 000 $. Il m'a dit : "Je n'ai pas de famille, je n'ai personne. Si tu veux bien prendre soin de moi, à ma mort c'est toi qui vas hériter. Dans ce temps-là, j'étais sur le BS, très pauvre. Les mois ont passé, les années ont passé. Je le visitais tous les jours, je le soignais et j'accomplissais toutes les tâches nécessaires. Chaque mois, il me montrait son compte de banque qui ne cessait de grimper. Il me répétait : "À ma mort, ce sera à toi." Jamais je lui parlais de faire un testament. En 1996, je créais ma fondation. Je lui ai expliqué qu'il pourrait faire des papiers pour léguer ses biens à la fondation. Les années ont passé. Ce printemps-ci, mon patient n'allait pas bien. Il me demandait plus de temps et de services. Depuis huit ans, il n'avait jamais cessé de me montrer son état financier qui se montait maintenant à 65 000 $. Au mois d'août dernier, sa santé s'est détériorée. Il était très faible. Il m'a demandé de l'amener voir un notaire pour faire son testament au profit de ma fondation. Parce qu'il était trop faible, nous avons dû reporter cette visite à un autre jour. Il y a un mois, il a été transporté d'urgence à l'hôpital. Par la suite, je l'ai visité presque tous les soirs. Au début de son hospitalisation, il était confus, probablement à cause de la médication. Un soir, peu de temps avant sa mort, alors qu'il était parfaitement lucide, il m'a dit : "Écoute-moi bien, il faut que je fasse des papiers. Personne d'autre que toi va avoir mon argent." Le lendemain de cette dernière visite, j'ai téléphoné à une employée de l'hôpital pour lui dire qu'il voulait faire son testament pour ma fondation. Je lui ai raconté qu'il possédait près de 70 000 $ et que son seul désir avant de mourir était de s'assurer que je serais le seul bénéficiaire de tous ses biens. J'ai senti l'employée songeuse tout à coup. J'aurais souhaité qu'elle soit témoin de son testament. J'étais loin de m'attendre à sa réponse : "Laisse-le tranquille avec ça." J'étais peiné. Le lendemain, elle m'a téléphoné pour me dire : "J'ai fait venir un notaire et j'ai tout arrangé ça avec le patient." Contrairement à son habitude, je parlais à une femme non souriante mais plutôt sèche. Ce même soir, j'ai visité mon malade. Il avait les larmes aux yeux, très triste. "Ils m'ont dit qu'il fallait que ça retourne au gouvernement." Je l'ai pris dans mes bras et je lui ai dit de ne pas se fatiguer avec ça. Il est décédé peu de temps après. J'ai réclamé son corps et je lui ai fait de dignes funérailles. Finalement, où est passé l'argent ? Je ne le sais pas. Ce qui est malheureux, c'est que les dernières volontés d'un homme n'ont pas été respectées. »

Gilles a pardonné. Mais l'histoire lui fait encore mal. Suprême exploitation que celle d'un mourant. Quand Lépine Cloutier, l'entreprise de pompes funèbres, lui a présenté la facture des funérailles, il leur a demandé de l'adresser à l'employée. Il n'en a plus jamais entendu parler.

La collaboration du milieu

Heureusement, les rapports que Gilles entretient avec les services de santé ne sont pas tous à l'image de cet incident. Loin de là. « On travaille beaucoup avec les médecins de l'Hôtel-Dieu. Parce que nous sommes sur leur territoire. Je leur ai demandé d'accepter tous les patients que j'amène à l'urgence. C'est bien plus facile pour moi d'aller dans un seul hôpital pour les visiter. En échange, je m'occupe des patients qu'ils me réfèrent. On m'appelle pour des personnes qui ont été opérées, des opérations d'un jour, qui n'ont personne pour les raccompagner à la maison ou pour faire le suivi après leur retour chez eux. C'est le CLSC qu'ils devraient appeler mais souvent ils sont trop occupés. » Quand Gilles se présente aux urgences avec un patient, le personnel sait que le cas nécessite vraiment des soins pressants. On ne le fait pas attendre. La prise en charge du malade est rapide et l'infirmier est promptement informé de la suite des choses.

D'autres médecins lui offrent les échantillons qu'ils reçoivent des compagnies pharmaceutiques, comme des sirops pour la toux ou de l'acétaminophène. Autant d'économisé en achat de médicaments. Le pharmacien Mario Fiset, pour sa part, lui refile des produits dont l'emballage a été endommagé pendant le transport et qu'il ne peut mettre en vente, des couches par exemple. Tout comme il accepte de remplir la prescription d'un patient, sur un simple coup de téléphone de Gilles, qui règle la note quand il passe dans les environs.

Gilles a aussi établi une complicité bien particulière avec les pompes funèbres Lépine Cloutier. « Depuis tant d'années, j'ai enterré peut-être une quarantaine de personnes. J'ai payé pour ceux qui n'avaient pas laissé d'argent pour leurs funérailles. Je me suis endetté. Mais ma plus grosse peine, c'était d'être obligé de les envoyer à la fosse commune. Sans plaque, sans rien pour indiquer qu'ils reposent là. Quand Angéline est morte, j'ai rencontré Réjean Fortin de Lépine Cloutier. C'est lui qui s'occupait de ses affaires. Je lui ai raconté les troubles que j'avais eus. Toutes les fois que j'avais payé pour faire enterrer les gens. Lui, il m'a dit qu'il était prêt à m'aider. »

Depuis plus de cent cinquante ans que l'entreprise existe, ses dirigeants ont vu des funérailles dont le coût a été assumé par l'État. Ils savent que les curés de paroisses peuvent être habilités, comme substituts de la famille, à faire les réclamations d'usage et que les dépenses leur sont remboursées par la Sécurité du revenu jusqu'à un montant de 2 500 $. Pourquoi Gilles ne serait-il pas habilité, lui aussi ? Lui qui est souvent la seule famille de ces patients ? Ce serait si simple. L'entreprise obtient une première rencontre avec des responsables du ministère des Affaires sociales et les résultats semblent prometteurs. « Ils nous ont dit qu'ils allaient tout arranger ça, précise Gilles qui assiste également à la réunion. Que je pourrais réclamer les morts, organiser les funérailles. Et qu'ils paieraient pour ceux qui sont sur le bien-être social, ceux qui n'ont pas d'argent. Ça fait quatre ou cinq ans de ça. Ce n'est toujours pas réglé. » En attendant une entente, l'entreprise fait crédit pour les indigents.

Mais le soutien de Lépine Cloutier à l'œuvre de Gilles ne s'arrête pas là. Réjean Fortin, qui se souvient de la désolation de l'infirmier devant l'obligation d'envoyer les corps à la fosse commune, convainc les dirigeants de céder à la fondation un lot de leur cimetière La Souvenance. Depuis, 28 personnes y ont été enterrées. Chaque année s'y tient une commémoration des défunts, organisée encore une fois grâce à la collaboration de l'entreprise, qui met ses limousines à la disposition des bénévoles.

La reconnaissance du rôle de Gilles comme acteur de la lutte contre la pauvreté et la misère lui parvient sous toutes sortes de formes. Toute l'année 1999, l'exposition *De quel droit?* du Musée de la civilisation de Québec présente un stéthoscope et un trousseau de clés lui ayant appartenu. Des symboles parmi d'autres, comme le nez de clown de l'organisme Clowns sans frontière, ou une mine antipersonnel et la prothèse d'un enfant de quatre ans, objets chargés d'émotion et qui ont été rassemblés pour célébrer le cinquantième anniversaire de l'adoption de la Déclaration universelle des droits de l'homme.

Bien souvent, la gratitude est plus discrète. Comme dans cette lettre, datée du début de l'an 2000. « Un gros gros merci pour votre panier de Noël. Dans ces périodes de difficultés actuelles qui se font sentir très très lourdes des fois, j'ai beaucoup apprécié votre aide. Cela m'a aidé à tenir le coup. Ce n'est pas juste de la nourriture que vous m'avez donnée mais aussi une bonne dose de courage et de confiance pour continuer ma lutte. Me sentir appuyée dans mes démarches par ma famille et des gens comme vous me donne le courage et la motivation utiles et nécessaires et obligatoires pour continuer ma lutte contre la pauvreté. J'ai toujours travaillé très fort pour m'en sortir, mais j'avoue qu'il y a des fois où je me demande si Dieu a des oreilles ! Mais là, Il s'est bel et bien manifesté à travers votre bonté et votre générosité. Puisse-t-Il vous bénir et vous venir en aide dans vos propres difficultés personnelles, comme vous savez le faire pour tant d'autres. »

Un mois plus tard, c'est d'une dame de Carleton que Gilles reçoit un message. « Je suis très impressionnée par votre générosité, votre grandeur d'âme et de cœur, et en même temps ça me réconforte de savoir que le bénévolat d'une telle ampleur existe au Québec. Compte tenu de toutes ces années, sans répit, sans vacances, vous devez être très fatigué. Alors, je veux vous offrir une semaine gratuite à notre gîte. Si toutefois vos moyens financiers vous empêchaient d'accepter cette invitation, faites-le-moi savoir et je vous promets que je trouverai le moyen pour payer votre transport. Je vous offre ce cadeau de tout cœur, et c'est ma façon à moi de reconnaître le grand homme que vous êtes et tous les exploits que vous avez accomplis pendant toutes ces années. »

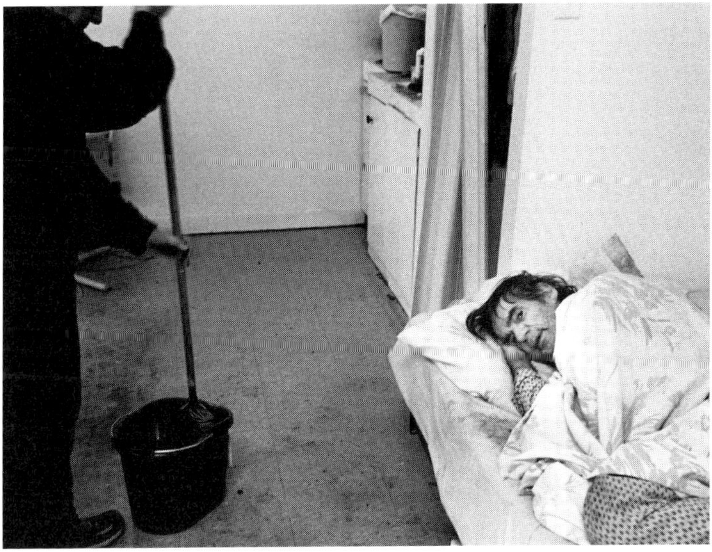

En haut : *Herman Darveau et sœur Yolande à la Maison Gilles-Kègle (photo : Éric Côté).*

Ci-dessus : *Robert Lefrançois (photo : Éric Côté).*

Isabelle Saint-Ours-Belleau (photo : Éric Côté).

André Leblanc (photos : Éric Côté).

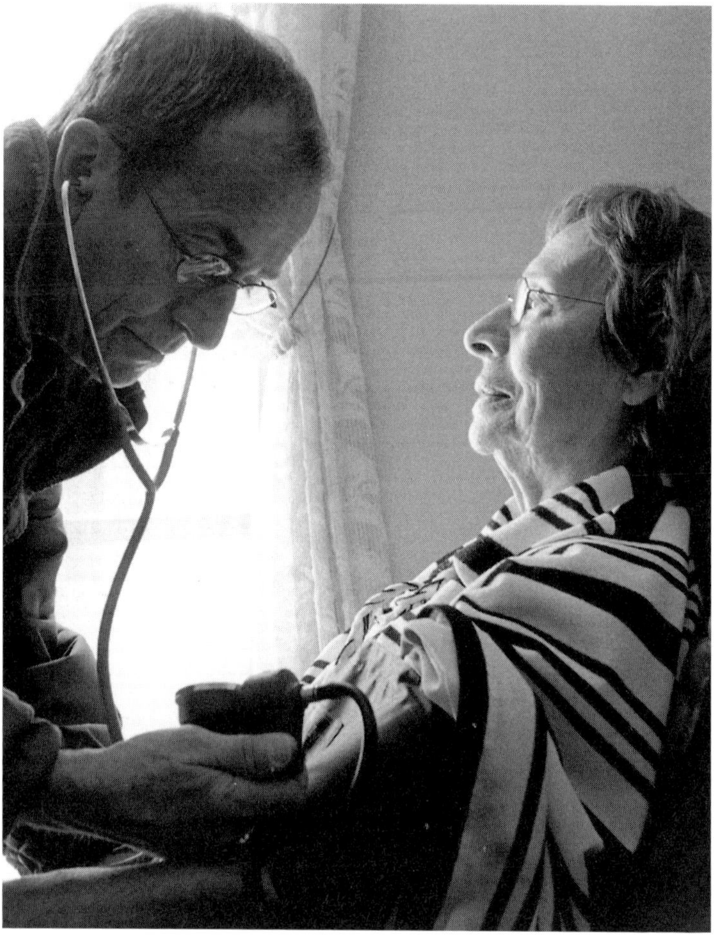

Annette Giroux-Dupuis (photo : Éric Côté).

Gilles remercie la dame, mais des vacances, il n'en prendra pas. C'est à peine s'il accepte de quitter ses patients une journée pour recevoir l'Ordre du Canada. « J'ai reçu une lettre du service du protocole. On m'offrait de me payer l'avion pour me rendre à Ottawa et trois nuits dans le plus grand hôtel. On m'écrit aussi qu'il faut être habillé en noir, avec une cravate noire. Je raconte toute l'histoire à mes bénévoles en leur disant que je ne pourrais pas y aller. Il n'était pas question que je me mette en habit. J'ai abandonné ces costumes-là il y a des années. Moi, je vis avec les pauvres. Je m'habille comme les pauvres. Les bénévoles étaient bien déçus. Finalement, j'ai décidé de téléphoner à la personne responsable. Je lui ai dit que madame Clarkson allait être obligée de m'accepter comme je suis, avec un pantalon ordinaire, sans cravate et pas nécessairement habillé en noir. La personne est allée s'informer. Quand elle est revenue au téléphone, elle m'a dit : "Monsieur Kègle, vous êtes le bienvenu habillé comme vous voulez." J'y suis allé avec un pantalon et une chemise propres et une veste de laine. Et j'ai été bien reçu comme j'étais. »

En quelques jours, l'histoire se répand dans toute la ville. Gilles est maintenant une personnalité dont on suit les péripéties. Une notoriété qui entraîne aussi son lot de mésaventures. Quel n'est pas son étonnement de recevoir deux lettres anonymes l'accusant d'être indigne de représenter le Québec « habillé en guenilloux » !

Gilles a refusé l'avion, tout comme les nuits à l'hôtel. C'est le président de la fondation, Marc Provost, qui le conduit en voiture à Ottawa. Un président fier de l'accompagner dans ce voyage éclair qui réserve plus d'une surprise à Gilles. En effet, entre la cérémonie de remise des décorations et le banquet qui y succède, un chauffeur vient le prendre pour le conduire au 24 Sussex, chez le premier ministre Jean Chrétien, heureux de recevoir un « autre petit gars de la Mauricie ».

Au retour à Rideau Hall, c'est le sénateur et comédien Jean-

Louis Roux qui tient à le saluer. « J'avais entendu dire qu'il faisait une grosse dépression après sa démission du poste de lieutenant-gouverneur du Québec. Je lui ai écrit une belle lettre et je lui ai envoyé le livre de Robert Fleury, *Basse-ville,* qui venait juste de sortir. Ça l'avait beaucoup touché et quand il a su que je recevais l'Ordre du Canada, il s'est déplacé spécialement pour me remercier. »

L'ultime surprise fut d'apprendre que, pour le banquet, il serait assis à la table de la gouverneure générale. « Madame Clarkson était vraiment intéressée par mon travail. Elle m'a dit qu'elle viendrait me voir à Québec, avec son mari, John Saul. Elle a tenu sa promesse. Quand on a été rendus au dessert, elle a changé de place avec son mari pour qu'il puisse lui aussi me parler. Une fois le souper fini, je ne pensais qu'à une chose : revenir à Québec, parce que j'étais inquiet pour mes patients. J'ai demandé à John Saul si je pouvais quitter la table et aller rejoindre Marc Provost qui était assis plus loin. Il est allé chercher madame Clarkson et ils sont venus avec moi voir Marc. Il en tremblait presque de voir la gouverneure générale lui parler. Quand ils sont partis, j'ai dit à Marc : "Envoye, on s'en va, moi j'ai hâte d'être rendu à Québec." On a dû arriver vers 2 heures du matin. Le temps que je me calme, parce que c'était quand même beaucoup d'émotions, j'ai dû me coucher vers 4 h 30. À 7 heures, j'étais debout pour aller travailler. »

La réception du 8 juillet 2001, au cours de laquelle il est fait chevalier de l'Ordre de la Pléiade, est l'occasion d'une autre rencontre mémorable. Alors que, en compagnie de son ami Jean, Gilles s'est installé un peu à l'écart pour regarder les autres invités qui arrivent au Château Frontenac, il aperçoit son idole, Diane Dufresne. « Quand j'étais à Trois-Rivières, un de mes protégés souhaitait assister au concert de sa chanteuse préférée. Mais il était trop pauvre pour se payer ce luxe. Non seulement je lui avais offert un billet en cadeau, en plus je l'avais accompagné au spectacle. Ce soir-là, je suis tombé follement amoureux d'elle.

Elle est devenue aussi ma chanteuse préférée. J'ai acheté tous ses disques, que j'ai écoutés des centaines de fois. J'avais toujours rêvé de lui serrer la main. »

Alors que les récipiendaires sont conviés dans la salle de bal pour la remise des médailles, Gilles constate qu'il est placé tout près de la chanteuse. À quelques reprises, ils échangent des regards et des sourires. « Je n'en croyais pas mes yeux. J'étais tellement heureux. » C'est toutefois au moment de quitter la salle, refusant d'assister au banquet comme à son habitude, que l'infirmier aura l'occasion d'échanger quelques mots avec Diane Dufresne. « Quand je me suis excusé auprès d'elle de ne pas rester, elle m'a répondu qu'elle et son mari aussi devaient s'en aller. Elle m'a dit : "Attendez-nous. On s'en va ensemble." Avant de sortir du Château, on a pris des photos. »

C'est ainsi que s'est amorcée une relation qui se poursuit encore aujourd'hui entre Gilles et cette « petite sœur » avec laquelle il correspond régulièrement et dont il ne manque pas un spectacle. « Chaque fois, devant une salle comble, elle est venue vers moi en chantant et m'a salué. Elle m'a même reçu en privé dans sa loge après le spectacle, ce qu'elle ne fait jamais. Elle m'a serré dans ses bras avec tellement d'amour. »

Gilles a reçu de nombreuses autres distinctions : prix de l'Ordre des psychologues du Québec, prix d'humanisme de l'Association des médecins psychiatres du Québec, diplôme d'études collégiales honorifique du cégep de Limoilou, hommages de l'Assemblée nationale, de madame Lise Thibault, la lieutenant gouverneur du Québec.

Prenant la plume, au nom de ses concitoyens, celle-ci lui écrivait, en février 2003 :

À celui qui a reçu des ailes
Pour voler au secours des malades, des démunis
Et confirmé la mission de répandre sans fin
Ses soins et sa bonté dans les rues de Québec et de toute sa région

À celui qui est la source d'un travail exceptionnel
Maintenant soutenu par la
Fondation Gilles-Kègle
Je dis ma profonde reconnaissance
Pour ces centaines de milliers d'« autrement » remplis d'amour
De dignité et d'espoir
Honneur à ce grand homme et à son équipe de bénévoles !

Un « prix Gilles-Kègle » a même été créé par les infirmiers et infirmières auxiliaires de l'hôpital de l'Enfant-Jésus de Québec : « [...] afin que nous gardions toujours votre grande disponibilité en mémoire et que votre nom soit une image de grand dévouement car ce prix sera remis à la personne qui tout comme vous se distingue dans son travail. »

CHAPITRE IX

Comme une grande famille

Grâce à la présence devenue désormais indispensable des bénévoles, Gilles a presque triplé la quantité de soins prodigués à ses protégés. L'article de Jean Martel, dans *Le Soleil* du 27 mai 2000, au lendemain de la collecte de fonds annuelle, rapporte des chiffres impressionnants pour l'année qui vient de s'écouler. Entre autres, les 36 875 apports de soins, 5 525 bains, 12 000 plateaux-repas préparés et les 8 896 appels téléphoniques d'amitié. Si Gilles peut fournir ces renseignements, c'est qu'il tient un registre de tous les patients qu'il a soignés depuis les premiers, Joseph, Marguerite et les Duchesneau, en 1986. Près de cinq mille en dix-huit ans.

Un registre mais pas de dossiers. « Je ne veux pas qu'on passe des heures à remplir des papiers. Tout ce qu'on a, c'est des feuilles de chevet, chez chaque patient, où on inscrit les signes vitaux ou des informations essentielles pour les médecins. Comme ça, on ne perd pas de temps et ça nous permet d'aller voir d'autres malades. » Aujourd'hui, en 2004, ce sont quatre cents visites qui sont effectuées chaque jour alors qu'environ deux mille personnes reçoivent des soins occasionnellement.

Depuis la création des Missionnaires de la paix, Gilles a supervisé le travail d'environ huit cents bénévoles. Certains ont offert leurs services pendant un mois. D'autres sont encore là après six ans d'activité. Plusieurs, sans compétences professionnelles particulières, rendent de précieux services en se chargeant de l'entretien du logement et des courses d'un ou de quelques protégés, en rompant par des visites ou des coups de téléphone la solitude de personnes âgées isolées, ou encore en accompagnant un malade à l'hôpital. Des infirmiers, retraités du système de santé ou encore actifs, soulagent Gilles d'une partie des soins médicaux. D'autres mettent leur expérience professionnelle au service des démunis : coiffer les patients, faire un peu de couture ou encore, par exemple, remplir des formulaires de déclaration de revenus.

« Mes bénévoles, on les prend comme ils sont. Il y en a qui ont des gros bagages intellectuels, qui ont des maîtrises. Il y en a d'autres qui sont sur le bien-être social. Il y a des religieuses de différentes communautés. On en a même eu qui étaient anglicans. Tout ça n'a pas d'importance. Ce qui nous unit, c'est notre amour des autres. Nous autres, on est là pour aider les gens. Quand un bénévole va chez un malade, s'il y a de la vaisselle à laver, il la lave. Si la personne est dépressive et qu'elle n'a plus le goût de se faire à manger, même si c'est un infirmier qui va la voir, il prend le temps de lui faire de la popote.

« Je veux qu'on soit comme une grande famille. Quand on a ouvert la maison, le CLSC a proposé d'y installer un bureau. Je n'ai jamais voulu. Je ne veux pas de structure compliquée. Pour moi, c'est important que tout reste amical. » Il a refusé, pour la même raison, l'idée d'être assisté par un coordonnateur des bénévoles. Ce qui a eu pour conséquence de l'obliger à apprendre rapidement à les encadrer. Et à juger de leurs compétences, même s'il est disposé à accueillir tous ceux qui offrent leur bonne volonté. Il lui a fallu, par exemple, éloigner des personnes qui, souffrant de dépendance à l'alcool ou à la drogue, n'étaient pas capables de remplir convenablement leur engagement face aux patients.

« Ce que je demande aux bénévoles, c'est qu'ils n'aient pas de préjugés, qu'ils soient à l'écoute de leurs malades. Il faut aussi qu'ils leur soient très fidèles, parce qu'eux ont besoin de continuité dans le lien. Les bénévoles doivent s'engager auprès d'eux. Ils ne peuvent pas abandonner en cours de route une personne qui a commencé à s'attacher à eux. »

Si Gilles est tellement exigeant, c'est qu'il veut le meilleur pour ses protégés. Il sait cependant remercier sincèrement ses bénévoles. Dès l'ouverture de la maison, il les invite à partager sa table midi et soir. Quand il rencontre par hasard Jeannot, qui a déjà travaillé dans un restaurant et qui est à la recherche d'un toit, il lui propose de devenir le cuisinier des Missionnaires de la paix. Une proposition qui convient aux deux parties. Jeannot s'occupera aussi de l'entretien de la maison. De fil en aiguille, il en deviendra également le réceptionniste. Car de plus en plus de démunis connaissent l'existence de la maison et viennent y chercher de l'aide. C'est Jeannot qui accueillera Jean Abran, que Gilles a connu à Trois-Rivières, lorsqu'il s'y présentera le 8 août de l'an 2000.

Le frère longtemps désiré

« Quand je suis arrivé de mes visites du matin, Jeannot m'a dit que j'avais eu la visite d'un ami de Montréal. Je lui ai répondu que je n'avais pas d'ami à Montréal. Il m'a expliqué que c'était un grand gars, qui était venu à bicyclette exprès pour me voir et qu'il lui avait demandé de revenir un peu plus tard. Pendant qu'on parlait, Jean est arrivé. Je n'arrivais pas à le replacer. Il avait l'air pas mal déçu. Tout à coup, je l'ai reconnu. C'est comme si j'avais traversé le temps. En trois ou quatre secondes, c'est comme si je revoyais tout ce que j'avais vécu à Trois-Rivières. »

À leur première rencontre, Jean était âgé d'une vingtaine d'années. « Gilles m'a sauvé la vie, explique-t-il. Un soir, j'avais tout mélangé, toutes sortes de drogues et de l'alcool. Je marchais dans un parc du centre-ville et je suis tombé. J'étais comme paralysé, plus capable de bouger. Tout à coup, j'ai senti qu'on me relevait. C'était Gilles. Pour un gars qui est aussi petit, il est pas mal fort. Il m'a emmené chez lui. Moi, j'avais perdu connaissance. Quand je me suis réveillé, j'étais étendu à terre, dans son salon. Ça m'a pris une semaine pour m'en remettre, de ce soir-là. Ensuite, j'ai habité sa cambuse pendant un bout de temps. J'avais confiance en lui. Il m'a beaucoup aidé. Mais c'est moi qui ne m'aidais pas. » Jean a continué à se droguer et a fini par quitter Trois-Rivières pour aller habiter Montréal.

Le jour de leurs retrouvailles, Gilles l'invite à dîner et à souper au restaurant, un endroit plus propice aux confidences que la salle à manger de la maison. Il ne peut passer de longues heures en sa compagnie puisqu'il doit se rendre auprès de ses malades. Par bribes, Jean lui raconte son existence depuis qu'ils se sont quittés : la drogue, la vie dans une secte religieuse, les amours difficiles, les rares succès grâce à la vente de toiles qu'il a peintes. Mais surtout, il lui demande de l'aide. « Il vivait des moments très difficiles. Encore avec la drogue. Et puis il avait des idées suicidaires. Il m'avait vu à la télévision. Et il s'était dit que j'étais la seule personne au monde qui pouvait l'aider. »

En soirée, alors que Gilles croit son ami endormi à l'Auberivière, il reçoit un message sur son téléavertisseur : Jean lui demande de venir le rejoindre dans le Mail Saint-Roch. Il lui dit qu'il ne se sent pas capable de coucher avec les sans-abri. L'infirmier finit par l'inviter à dormir chez lui. Il hésitait à le faire parce que les administrateurs de la fondation lui avaient demandé de n'accueillir personne dans son appartement, de crainte probablement que la maison soit transformée, petit à petit, en centre d'hébergement. Jean y couche une nuit, deux nuits, trois nuits. « Il voulait rester avec moi à Québec. Il disait qu'il voulait être un bénévole. Mais, pour moi, c'était clair qu'il n'allait pas bien. J'ai décidé de le mettre à l'épreuve. Je lui ai demandé de retourner à Montréal. Je lui ai dit qu'on réfléchirait chacun de notre bord. Alors, il s'est mis à pleurer mais il a accepté. Le lendemain matin, c'était le jour de ma fête, le 11 août, il est parti. On pleurait tous les deux. J'avais tellement de peine. Je savais que j'avais trouvé le frère que j'avais cherché toute ma vie. »

Triste, Gilles va prier dans la petite chapelle de la rue Sainte-Ursule. « Tout à coup, j'entends dans ma tête une voix qui me dit : "Va au-devant de Jean." En même temps, je vois le mot Grondines. J'ai demandé à un bénévole de m'emmener en auto. Il me dit que c'est impossible. Que, pour ma fête, les bénévoles ont préparé un souper spécial et qu'on ne sera jamais revenus à temps. Je lui ai raconté l'histoire de Jean et ce que je venais de vivre dans la chapelle. Pour lui, j'étais complètement fou, mais il a accepté de me conduire. Rendus à la jonction de la route pour Grondines, qu'est-ce qu'on voit ? Jean qui s'en venait en bicyclette. Le bénévole m'a dit : "Ça parle au diable." Quand Jean m'a aperçu, il avait les yeux grands comme ça. Je lui ai dit d'aller faire ses bagages pour venir habiter chez nous pour de bon. »

Depuis ce temps, Jean habite avec Gilles. Depuis le départ de Jeannot, il s'occupe de l'entretien de la maison et rend une multitude de services aux patients et aux bénévoles. « Les premiers temps, raconte Jean, ç'a été vraiment difficile. Ici, c'était comme une autre planète pour moi. Petit à petit, j'ai réussi à m'adapter. Maintenant, je suis bien. Avec Gilles, on s'entend comme deux petits frères. »

Jean et Gilles, deux frères qui vivent le meilleur de la vie de famille : sincérité, proximité, écoute, plaisirs partagés d'une balade à pied ou à vélo, soutien dans les moments plus difficiles. Une relation complice bien différente de ce qu'ont été, pour Gilles, les liens familiaux. Des liens qu'il a décidé de rompre, sauf en de rares occasions, lorsqu'il habitait encore Trois-Rivières.

Il y a bien son filleul, Steven, le fils de Réal, envers qui il se sent une responsabilité particulière. Le parrain, n'est-ce pas celui qui doit remplacer les parents en leur absence ? Ce n'est pas seulement celui qui offre des cadeaux à Noël, à Pâques et à l'anniversaire de naissance. Âgé d'une douzaine d'années, Steven exprime à son père le désir de rencontrer son parrain. Ce sera l'occasion d'un premier rendez-vous à Québec. Un entretien que Gilles accepte après beaucoup d'hésitations. Mais son sentiment de culpabilité envers son filleul l'emporte.

« Les premières minutes, il y a eu un gros froid. On était gênés mon frère et moi. On n'a pas tellement parlé mais j'étais content de voir mon neveu. Il y a eu une deuxième visite, six mois plus tard. Et une autre, encore six mois plus tard. On s'est vus comme ça pendant quelques années. Un jour, j'ai décidé d'arrêter. Parce que chaque fois mon frère me disait : "Tu travailles trop. Pourquoi tu ne prends pas de congé ?" Pourtant, il a visité des patients avec moi. Il a vu à quel point ils ont besoin de moi. Mais lui, il trouvait ça épouvantable de voir des gens aussi malades. Il m'a même dit, un jour, que ça serait mieux pour eux de les euthanasier. À un moment donné, je n'ai plus répondu à ses lettres, ni à ses téléphones. La dernière fois qu'il a appelé, c'est Jean qui lui a répondu. Mon frère lui a demandé si j'étais en train de devenir fou. Réal, comme les autres personnes de ma famille, comme déjà à Trois-Rivières, ils ne comprennent pas ce que je fais. Et s'ils le comprennent, ils ne l'acceptent pas. Des fois, je pense qu'ils veulent m'approcher seulement parce que, maintenant, ils me voient à la télévision. »

Quand un autre de ses neveux, Patrick, l'un des enfants de son frère Robert, lui fait signe, Gilles, de prime abord, est méfiant. Mais le jeune homme le convainc aisément de le rencontrer. « Quand j'étais petit, raconte Patrick, je posais souvent des questions sur mon oncle. Mon père m'a toujours parlé en bien de lui. Il m'avait expliqué que c'était un homme cultivé qui s'intéressait aux gens démunis et qu'il aurait voulu être missionnaire. Moi aussi j'ai eu ce désir-là d'être missionnaire. Ma façon à moi, c'est d'être militaire, de faire des missions de paix à l'étranger. » Patrick est affecté au 22e régiment, à la base militaire de Valcartier, près de Québec. « On m'a souvent demandé, à cause de mon nom, si j'étais parent avec l'infirmier de la rue. J'entendais beaucoup parler de lui. C'était mon oncle et je le connaissais si peu. Un jour, je me suis décidé à lui téléphoner. J'étais très ému. Je pense que lui aussi l'était. On a développé une belle amitié. Depuis que je suis en Afghanistan, il m'écrit très souvent. Moi, je l'admire beaucoup pour son travail. »

Il n'y a pas que pour Gilles que les relations avec la famille Kègle sont difficiles. « Mon père aussi, poursuit Patrick, a coupé ses liens avec sa famille à cause des disputes trop fréquentes. J'étais pas mal jeune la dernière fois que j'ai assisté à une fête de famille. Je continue à visiter ma grand-mère, quelques fois par année, mais je suis le seul de ma famille proche à le faire. C'est pas facile avec elle. Elle a des idées un peu arrêtées. Elle a beaucoup de difficulté à comprendre pourquoi je suis militaire. Elle comprend encore moins le choix de vie de mon oncle. »

La grand-mère de Patrick, la mère de Gilles, a tenté de rencontrer l'infirmier à deux occasions depuis son installation à Québec. Gilles a toujours refusé de lui parler. « Elle m'a écrit, il y a environ un an et demi, après être venue à Québec sans que j'aie voulu la voir. Dans sa lettre, elle m'explique encore une fois qu'elle n'a jamais accepté mon travail. Et qu'elle ne l'accepte toujours pas. Elle m'a demandé de revenir habiter à Trois-Rivières avec elle. C'est complètement insensé. Je suis sûr que c'est incontrôlable de sa part, mais chaque fois qu'elle me dit ça, c'est comme si elle voulait me détruire. Ça m'enlève des énergies. Je ne peux pas accepter de tels contacts qui m'enlèvent la force de travailler avec mes patients. »

La famille s'agrandit

Les demandes d'aide émanent maintenant d'un peu partout au Québec. Certains ont proposé à Gilles d'ouvrir une succursale des Missionnaires de la paix à Chicoutimi, d'autres à Lévis, en face de Québec, ou encore à Trois-Rivières. C'est sur une invitation lancée au cours d'une émission de télévision par le père Emmet Johns, mieux connu sous le nom de père Pops — le fondateur de l'organisme montréalais Dans la rue, qui vient en aide aux jeunes sans-abri —, que Gilles décide de tenter une expérience à Montréal.

Une expérience, parce que Gilles veut bien connaître les besoins, trouver le meilleur endroit pour installer une maison et recruter des bénévoles. Pendant deux ans, les Missionnaires de la paix ont été logés dans un petit local de la rue Sainte-Catherine, dans le quartier Hochelaga-Maisonneuve. Ils ont été bien acceptés dans ce quartier qui est, comme Saint-Roch, l'un des plus défavorisés de la province. Le curé de la paroisse tout comme le personnel du CLSC ne demandaient pas mieux que d'accueillir de nouvelles recrues dans la guerre qui s'y mène contre la pauvreté. Sœur Gisèle, Élisabeth, Sébastien et Éric ont soigné des gens, ils en ont visité à domicile, ils ont ébauché des liens.

Dans la maison de Montréal, ce n'est pas que du temps précieux qui a été investi. Il a aussi fallu trouver les fonds nécessaires pour la faire fonctionner. Si les administrateurs de la fondation ont encouragé Gilles dans son projet, ils lui ont cependant précisé que l'argent recueilli auprès des gens de Québec devait rester à Québec. Voici, relaté par le journaliste Alain Bouchard, comment l'infirmier a obtenu la somme nécessaire du gouvernement du Québec. « Sur le ton pince-sans-rire que lui connaissent ses proches, Kègle s'est laissé aller à raconter au *Soleil,* hier, comment une demande financière de 5 000 $ s'était dernièrement convertie en dons de 28 000 $. Alors qu'il plaidait sa cause auprès d'un attaché politique du ministre de la Santé d'alors, Rémy Trudel, voilà que passe par là sa collègue Louise Harel, des Affaires municipales et de la Métropole [aussi députée d'Hochelaga-Maisonneuve]. Connaissant très bien Gilles Kègle, elle s'informe du motif de sa visite puis lui donne 5 000 $ sur-le-champ. Vient ensuite Jean Rochon, ministre de l'Emploi, qui lui octroie 3 000 $ immédiatement lui aussi. Ce qui fait que pour ne pas être en reste, Trudel lui annonce une subvention de pas moins de 20 000 $, trois jours seulement avant le grand remue-ménage ministériel qui allait le changer d'affectation. "C'était le monde à l'envers ! s'exclame Gilles Kègle en rigolant. J'ai eu 28 000 $ et j'en demandais 5 000 $. Alors que d'habitude on obtient 5 000 $ quand on en demande 28 000 $!" »

En 2004, Élisabeth est en mission en République Dominicaine. Sœur Gisèle est âgée et doit aussi prendre soin de sa communauté religieuse, et Sébastien travaille à plein temps. « Je ne peux pas leur en demander plus. J'ai décidé de fermer pour un an. Ils ne vont pas abandonner les patients qu'ils ont déjà. Ils vont garder les liens, le temps qu'on trouve des jeunes bénévoles qui pourraient prendre la relève. Je vais aussi demander à l'Ordre des infirmières et des infirmiers auxiliaires de nous suggérer des gens qui pourraient nous aider. Tout le monde me dit que, pour que ça fonctionne bien, il faudrait que j'y aille souvent et que j'y mette moi aussi beaucoup de temps. Mais je ne peux pas continuer à aller passer une journée à Montréal deux ou trois fois par mois. Moi aussi, je dois être fidèle à mes patients. Hier, je ne suis pas allé voir Gaétan, un malade qui est en phase terminale, parce que j'avais une conférence à préparer. Un bénévole est allé à ma place. Mais pour Gaétan, ce n'était pas la même chose. Il m'a appelé hier soir pour me demander pourquoi je n'étais pas allé le voir. Pour lui, c'était comme si je l'avais abandonné. »

Une grande paix

Fidèle à ses patients et à sa vocation, Gilles le demeure toujours aussi à sa foi et à sa croyance en la Trinité, même si son chemin l'a écarté de l'Église officielle. Sa fréquentation des offices religieux se résume maintenant à sa présence aux funérailles de ses protégés. Aux grands temples et aux célébrations collectives, il préfère ses méditations et ses entretiens avec Dieu, en tout temps, sur la route, au chevet de ses patients, dans la petite chapelle de la rue Sainte-Ursule qu'il fréquente toujours, comme à la bibliothèque Gabrielle-Roy, voisine de sa maison.

Sa vie spirituelle, il a choisi de la vivre en toute simplicité, en se donnant comme règle de vie les paroles du Christ. « On peut lire dans les Évangiles que Jésus donne toute l'importance à l'amour de Dieu et du prochain ainsi qu'à une foi intense en Dieu et à la prière. Après le départ de Jésus vers le Père, ses apôtres et des centaines d'autres disciples ont continué cette mission. Tout s'est fait dans la simplicité jusqu'à ce que le diable s'en mêle. Par la suite, avec les années et les siècles, des hommes vaniteux, orgueilleux, autoritaires ont tout compliqué. Voilà que l'Église s'est matérialisée, politisée, et que ses dirigeants s'en sont glorifiés. Elle est devenue autoritaire avec des lois, des sacrements, des dogmes, des symboles, des signes et de nouveaux commandements. Une Église de peur et de vengeance. Malgré ce bouleversement, heureusement, des hommes et des femmes se sont regroupés en communautés pour créer des œuvres humanitaires et servir les pauvres. Après plusieurs années de doutes, j'ai fini par ne plus douter. J'ai cessé de croire à tout ce dont je doutais. J'ai enfin trouvé une grande paix, une liberté d'agir, de penser et une pureté d'expression. Je suis en très grande paix avec moi-même, avec Dieu le Père, Jésus et l'Esprit saint. Ma vie spirituelle n'a cessé de grandir et l'union avec Dieu s'est intensifiée. Union par la pensée, le cœur, la méditation, l'oraison et par mes soins aux personnes pauvres et malades. Je dis et je redis que je suis toujours de la famille de l'Église catholique romaine. Je demande qu'on accepte mon choix d'être différent dans mes actions et mes pensées, qu'on me pardonne mon comportement de révolté et qu'on m'admette comme marginal. Ce qui m'attire, c'est Dieu et non des hommes avec leurs artifices et leurs têtes enflées. Mon Église est une Église de cœur. Non une Église de pierres et de richesses. »

Conclusion

Gilles Kègle, un ange ou un saint ? Une question que l'infirmier écarte. « Ce que les gens admirent, ce n'est pas moi, c'est mon travail. Moi, je suis un homme bien ordinaire. » Même s'il reconnaît être, grâce à ce travail, une source d'inspiration pour certains, il ne veut pas être un modèle, surtout pas un chef spirituel. « Je n'ai pas l'intention d'influencer qui que ce soit. Encore moins d'enseigner une doctrine. Ça m'est personnel ce que je vis. Je veux me sentir libre. Ce qui est important, pour moi, c'est d'être en paix avec moi-même et avec le Créateur. »

Gilles Kègle, un fervent croyant qui a tourné le dos aux servitudes de l'Église pour consacrer sa vie au principal enseignement du Christ : aimer son prochain. Un infirmier qui exerce sa profession au mépris des dangers et des critiques, n'appliquant qu'un seul critère pour prodiguer ses soins : celui du besoin de ses frères. Un homme porté par une détermination exceptionnelle et une foi en la Providence capable de soulever des montagnes, qui aura réalisé, malgré les épreuves, son rêve de vouer sa vie au service de Dieu et d'autrui.

Un être libre qui a fait des choix qui l'ont mené sur une voie périlleuse, mais qu'il n'a pas quittée parce que c'était « sa » voie. « Ma vie, c'est comme une longue route. Un chemin tortueux au début. Avec des rivières que j'ai dû traverser. Maintenant, il me semble qu'il n'y a presque plus d'obstacles. C'est comme si je pouvais courir sans avoir peur de tomber. Je sais où je m'en vais. J'ai donné un sens à ma vie. Je me sens en équilibre. »

Voilà le message qu'il veut livrer aux jeunes et à tous ceux qui s'intéressent à son œuvre : faire des rêves, s'y accrocher et lutter pour les voir se réaliser. La dernière conférence qu'il a prononcée, au printemps 2004, devant les élèves du collège de Champigny, il l'a intitulée : « Tiens bien le morceau. » « Je veux leur dire que ce que j'avais dans mon cœur, dans mon esprit, depuis que je suis tout petit, mon rêve de donner ma vie pour les autres, ce morceau-là, il s'est construit durant toute mon existence. Quand je dis de bien tenir le morceau, c'est qu'il y a bien des fois où j'ai manqué le laisser échapper, comme quand j'ai voulu me suicider ou qu'on m'a fait du tort, mais chaque fois j'ai réussi à le conserver. Eux, leurs rêves peuvent être différents du mien. Il va leur falloir du courage, de la persévérance, de la ténacité pour les réaliser. Je veux leur faire comprendre que la vie vaut la peine d'être vécue. Et aussi qu'on n'est jamais seul quand on s'abandonne à Dieu. »

Table des matières

MISE EN PAGES ET TYPOGRAPHIE :
LES ÉDITIONS DU BORÉAL

CE TROISIÈME TIRAGE A ÉTÉ ACHEVÉ D'IMPRIMER EN AVRIL 2005
SUR LES PRESSES DE L'IMPRIMERIE GAGNÉ
À LOUISEVILLE (QUÉBEC).